2023
WORD SEARCH

This Book Belongs To:

_____

_____

_____

Puzzle 1

```
L I J E L W G W I G Z S F A J O K F
J G N B K P P V D B A S A T J C M X
I C I T S I L O H W K B H D I H G J
U D J S D C M G Z T D V B U J H E T
B E E S N E M M I V O F Q Y T A Z R
R T E E N Y T I N Y C F J N C Q B N
B P A N S E E L K G K L R E E P I S
A I E C A M X G N A A A E E F B Q F
W U T X N L D P A Z Y T S D R H D F
D G I Z I E P Q E R B X B L E D F U
P B T K H B S R G C U B A E P D K U
O P O R D W P T I U T O N V I S I T
A N N O U N C E W A H U C O A F T C
Q U E L B A E G D E L W O N K C B H
K S U S B G M K E F Q I J F E T O D
J K J L T C O C V I E H C R A L G J
K F T O Z A P F G D V X B H T O E T
L I K K A P C A R T D T A W C B K X
```

AIRPLANE   DROP   HOLISTIC   PERFECT

ANNOUNCE   ENCOURAGE   IMMENSE   QUICK

ARCH   EXPECT   KNOWLEDGEABLE   SAD

BOLT   FLAT   NEEDLE   TEENY-TINY

CATS   GABBY   NEST   YAK

Puzzle 2

```
R T R U T H F U L M K M U I M E R P
R E S S E L E T S A T F D S E V I F
O B J E C T L U N A R M E D Q U E N
S P D Q S L X R W E E A T O M Q V H
O P P Z E I A X H Q M S A C W X W F
U H L S R G P M O O U D R P T E N I
R E R E C N I S R O Z I R M E G W L
H N S N O T C X R O S S E O C U H T
R A U U E G T O R T N L V D F K N H
Z O X L J K C J E H L I O B G A K Y
T F F N H E C A A V F K W D K S J I
W C I T D W D I U G E E E E S P T F
A C O T U Y S C H M T M L G H I S R
O W V E U V I H J C V W Y N E R K O
N Q A P S O D I B O O I H A B I X S
X K A R E O U A K E U V S R S N M Z
A D O R A B L E S N V E U E R G R K
B R U X B V B X A K D B M D I J H V
```

ADORABLE	DISLIKE	OBJECT	STEADY
ASPIRING	FILTHY	OVERRATED	TASTELESS
CHICKEN	FIVE	PREMIUM	TOWN
DECOROUS	MUSHY	SINCERE	TRUTHFUL
DERANGED	NORMAL	SOUR	UNARMED

Puzzle 3

```
X  P  P  N  R  J  D  M  I  N  D  E  J  A  D  C  M  P
Q  L  A  D  G  U  T  T  U  R  A  L  P  G  Z  P  S  D
F  R  D  G  P  V  C  K  C  A  L  B  I  N  Z  J  U  A
P  S  Z  Q  S  D  S  A  Y  W  C  I  T  I  U  N  S  S
E  L  E  G  T  E  G  R  P  E  T  R  A  R  J  G  P  U
X  Z  N  A  Z  I  R  C  E  E  U  R  G  P  G  F  E  O
H  W  A  O  R  O  R  C  Z  E  Z  E  D  S  F  H  N  I
C  A  D  O  W  C  I  V  K  E  L  T  X  K  M  V  D  C
S  J  Q  U  U  T  H  U  C  T  H  P  B  M  U  P  Z  A
K  Z  B  I  O  J  N  I  L  T  R  C  Z  I  A  C  H  V
M  V  A  N  A  P  B  P  M  I  E  O  U  S  J  T  T  I
L  Z  S  G  A  D  D  C  G  M  M  C  A  T  R  E  B  V
A  F  P  C  U  X  C  L  E  M  I  I  X  O  H  Z  M  L
G  U  K  Z  G  U  A  I  T  O  N  A  N  P  P  H  H  X
E  I  F  W  C  V  F  A  P  C  D  J  B  U  E  G  F  S
L  J  P  S  Q  X  C  N  D  B  C  H  W  L  I  G  A  O
L  K  P  J  E  Z  C  B  R  O  T  I  S  I  V  F  E  W
I  E  N  D  E  T  T  O  P  S  O  S  S  E  R  D  N  U
```

CAT	NAIL	SPOTTED	UNDRESS
COMMITTEE	NORTH	SPRING	UNPACK
GUTTURAL	NOTICE	SUSPEND	VISITOR
ILLEGAL	REMIND	TERRIBLE	VIVACIOUS
MIND	SEARCH	TIP	WORRY

Puzzle 4

```
E C E T L E K R A T I U G K A P A R
T X D T Y R T N U O C T Q E Z H V S
I N T R O D U C E D U F R A I L I N
D P X E V N T C U C E R S G S W S E
E G Z O N U O B P H V T X L S D Q T
N P R M S D E F G U E B B W L M U T
Z T L W U U I S N N N L A L L E E I
B L J R O Z W K I K T U Z D T D A K
L L G H I S J W T Y M S C S H F M M
W E R U T H F F S L K H I Z W J I K
P M O S I O W D E I R I M Q N N S M
Q S T H B D J S R D A N A C M G H H
C R E D M W G E E T M G R B A V O F
Z Z S R A R S U T C A C O T Z B R O
R U Q L S L K W N C U N N F L P M S
I O U L V E K O I Q Z N A R I C E P
I O E I U W S W K A R A P N Q L A M
E R U S A E L P U V W R I G G L E S
```

AMBITIOUS	EVENT	INTERESTING	PLEASURE
BLUSHING	EXTEND	INTRODUCE	SMELL
CACTUS	FRAIL	KITTENS	SQUEAMISH
CHUNKY	GROTESQUE	MARK	WHIRL
COUNTRY	GUITAR	PANORAMIC	WRIGGLE

Puzzle 5

```
P L A I N V G N K N D R H N R K P W
B K U B F G G V R F F Z I J C U X M
J K J L A N B C F G B A G O L G W W
U Z E W D I O G E G X K R S P Z P R
L T D G E K R X R R M B Z Z A U P B
M U X N D A I C T K O O C K G R P G
E C G I B E N D I L V B M V D E D K
K I Q S Z R G N L R I L N T B V I G
G Y J S U B D G E J A T L S T A W T
B M E I L T G N Z P M F A E T S P F
H A N H D R L I D E M C K G S I H I
A O R T N A G L F B T S B G N V G H
R F J H W E X Z B P Q V E U B E S S
I E J I K H G Z U E B B J S L C G E
L O F N N X C A H E L P F U L F U K
O J D F C W Z D F U C L C I G A M A
R G P H O O X G F W L V M P U P W M
Y L E N O L D P M A J X S Q B L T B
```

BAG	FADED	HELPFUL	MOM
BORE	FERTILE	HISSING	OFFER
BORING	FOAMY	LONELY	PLAIN
DAZZLING	GRAB	MAGIC	ROCK
EVASIVE	HEARTBREAKING	MAKESHIFT	SUGGEST

Puzzle 6

```
I S B W S I B P W B K P P V D B L M
B F Q I V P R U S H C U R Q S K N S
I N N M H S B D O N U R Q G O E W Q
Z U V T M S M H M T F Y M R F S O G
P N K V S E B X O C L I Q X C C Q Q
G W F Z L L G A O D N M K S P J E Z
I Z T R T E L H O U A C U L D Y O P
A G N P C R F G T D H N U P E E B T
N K E H U A O E D E F X R K A B B W
T W C N G C H E R A V I N E G A F T
I U I X Q P N R S L W O V X D Q C C
U T F R Z I I T T A D D R C R Z O E
X P I L N E E Q P O H S U U L E N L
H B N G S N G U U L L L N S F P C F
U F G Q X X C A R D G L B E Q H E E
K G A E Q R O C B Q A S E S U Y R R
J B M X J W V K A E M E A T Y R N X
M X P R B R X I H J H V C R M K R M
```

ABRUPT	DONKEY	MADDENING	REFLECT
BEDS	EXCUSE	MAGNIFICENT	RUSH
CARELESS	GIANT	MEATY	SIN
CHERRIES	GODLY	MINUTE	UNFASTEN
CONCERN	HEAL	QUACK	ZEPHYR

Puzzle 7

```
Z K X U J I B X M A L D C K O K X G
Y H C U O R G T D I H F L N N U M N
H T A E R B S Z V H C R O L W A S M
B G G F Z Q L B A B Y E Q C L K H T
H J D T I T C E F F E X P D N A M T
P X O L L S R E E T S T L E K J A P
Z W K I M E X C L U S I V E I M S T
Q O E A L X G V Y L N A M O W Q U N
V D J F R E N O R M O U S O W I O L
H N C A N E I R I B G U D K K J R N
L I A O C G K N F I L M N X A E O O
W W P X T K O O B R A K E B M H M I
K S Q G N I O W H N T V G S G P U T
F Q U Q X T R O I L O B H L R J H A
Q E F K L Q C U E O O U T I X D J C
C H D F D G I B G Z T K C J S M N U
R B S G F Z S X S M H K V E R R A D
A L Q X K V R U L S L K G S Q O T E
```

BABY	EDUCATION	FILM	STEER
BRAKE	EFFECT	GROUCHY	THANK
BREATH	ENORMOUS	HUMOROUS	TOOTH
CAN	EXCLUSIVE	MICE	WINDOW
CROOK	FAIL	PRICK	WOMANLY

Puzzle 8

```
P R E F F U S W O H E G G I U Q Z X
T U I L Z Z I A C D M Z R L R X T G
Q E R R I V E R I Z S G O M M E U W
R W J R Q L N P K Z D O O G A E E J
A I G F R A S K A J Z K V O K T B D
D E T S E R E T N I N U Y R F I T E
E R O T S L A U N C H X D O B H P P
N R I D I R E F U L X V I O H W U Z
G O E F S Q B L O O D C T M J Z T X
I W K P B B U D R V Z I G F Z P R S
S N W U A A R G H F W Z C L B U V I
O U O P T P W I N G E N I M Z I M Y
X H O A B N O R M A L N O X O D P G
F S J M P D B J S E G B B C Z H D G
W W L U A M R L O A E S W N R V U A
T N E T B F B L F G B Q T G F A S H
U L F N T K N J H G U O T B K A B S
J Z G K X D L I D C G N I V E I R G
```

ABNORMAL	GROOVY	RIVER	TENT
BLOOD	INFAMOUS	ROOM	TOUGH
BOMB	LAUNCH	SHAGGY	UNINTERESTED
DIREFUL	PAPER	STORE	WHITE
GRIEVING	PUZZLING	SUFFER	WING

Puzzle 9

```
K O O H L T B S Z U O E N P D P D J
C V R A E A W F U J N U Z X C F G B
C L G A I D R A C O N I A N R D Q W
C F N L L K R C C S I X U K C I T A
C N B Q A L L M S P A C Q O F M P L
E G A Y O V E N T E O B S G G M A L
X A E Q T U V C P C D U U N O S K N
S I N E L B A L I A V A E O U Z A
V W J A Z P H F U Z C J R P V C P H
S T E R E O T Y P E D H X T V R I U
M U N K R K J V B U N K D K W T U E
S G R E B M U L G N N E N S H Z D C
S X T D I S A S T R O U S I U M W F
E O H T A M R E T F A D U B P U O U
L C K G L K C E N I N Y V U C R L D
E O W J E R P Z G U A Z C A P K S P
S Q H B P W U T O P R A B Z X Y G Q
U P I K L N L S V P E L I D J P B L
```

AFTERMATH	DISASTROUS	MURKY	TICK
AVAILABLE	DRACONIAN	NECK	TRADE
CELLAR	HOOK	PINK	USELESS
CONSCIOUS	LAZY	SLOW	VOYAGE
CURVE	LUMBER	STEREOTYPED	WALL

Puzzle 10

```
A A L Q A X K G Z J T R O O F M I D
U L R U G V E U I V Y B K N R A E P
P V T S O R D F X V E R B G U S Q B
T B D T N A O D O U L P A N X R T U
N P B R I T S Q R O N J V D Q K S K
E U U I Z X X T C J O A O S N G X D
T W W N I C J K R C I B U I I U B O
E M D G N K E N E E T H D N N Z O E
P M S B G T V H P R I O W A G L E B
M F X O O I B X L F D R J E L C M U
O C I M O C X V Y N N R A V J R X M
C M A V E K O R T S O E N O M D T N
N C R M D G W U O A C N G F A E J X
I E T Z B S I K L Q W T F R W U L X
T R L L S T R E T C H O K F U E L D
I E U U V R W Y A L P Z C B L N U A
K T P F G N I T T I L P S R A E L M
Z L S U O T N E M O M N U G S A S E
```

ABHORRENT	EARSPLITTING	PEAR	STRETCH
AGONIZING	FUEL	PLAY	STRING
BOUNDARY	INCOMPETENT	REPLY	STROKE
CONDITION	LOCKET	ROOF	TRUE
DARK	MOMENTOUS	SIZE	ULTRA

Puzzle 11

```
S O A T H M D I V E R G E N T N F J
U E A U C L K T C W X D S T I X P T
V V I C T W U P E O D E T O V D C T
A J D R E O N O V R M I E O K Q S U
G A X U I T A D Q J P P P B L I U O
A S Q S R A A X R G T T L T S W O F
B Z O E R W F Z X W S E C E V X R S
O C V L F X N C H I D S Q A X O O Y
N O G U F Z S I S C C U S Z B C M R
D P L C Q E S N I M T M Q E W A A T
J O F J E P O W O J R A W D I J L S
N I Z H E C L O R V B G I U N M G U
K K T R J E S I O N M S T X D E G D
W A I H R L M H B L A D E J A M L N
B N B C P J D M D R Z Z Q Q S X U I
G Q I B Q A C A M P R O F U S E S P
A S C I E N T I F I C X G N T X V E
X X G C L O U D Y G M L U R E Q I J
```

AMUSE	CLOUDY	FAIRIES	PROFUSE
AWFUL	COMPLEX	GLAMOROUS	SCIENTIFIC
BATHE	CONSIST	INDUSTRY	VAGABOND
BLADE	DISARM	NOISE	WHISPERING
BOOT	DIVERGENT	OVERT	WIND

Puzzle 12

```
B M E F B W I O D L E Q Z U M T V E
M O L L M C M D G E H W O A G V D L
Q U T R D T A N K X E D M K C J W A
T W X M X N E R L O F S F M Q O C C
Y X K S R E U P Q L A F Q H E I K S
T T W U I D M O E E D U L C N I E M
F D L E J M E G F W G W S O F S J P
I D B J D M R G N I L A E U Q S S R
N U I E T A R A P E S P B V Z F K T
H A P P R E C I A T E F F V X P S B
R O O M Y S K Y L E A F S S E R P P
R M E O R Q F O E V L U F R O L O C
Q T N E C S I N I M E R X X N M F F
R O O D H M T F C S I D E W A L K V
F P H B O A G N E R X M K R E I A E
W H I N E B Q V H R F C N S M Q N N
N Q X P E R M I S S I B L E T X L M
D N S U O I V N E P T A N G Y A V F
```

APPRECIATE

COLORFUL

DOOR

ENVIOUS

FOUND

INCLUDE

NIFTY

PERMISSIBLE

PRESS

REMINISCENT

ROOMY

SCALE

SEED

SEPARATE

SIDEWALK

SKY

SQUEALING

TANGY

TANK

WHINE

Puzzle 13

```
Q P R B F N I C T V M W E Z A G V H
Y A C U U U N X F H C S L R G X P H
N X W O T S H R E G I P R B L R N A
I R N Z U W V D U M S W T O A E I M
H N W F R W E C O T Y O V P N P H A
S D T P I E H R V Z E E P U N U T C
H Z E X S A P R Z O L R C R O L V I
V U E C T D O I U Y J D A P Y S U B
N U N S I E D C P B X Q B O I I P O
Q F Y P C B X A K A S P A S N V X G
M E W T M W R U N W I H L E G E H L
M U M Z K O X E L Q C B E D R H L O
G C G B S D F U E J O H C A M R N D
K O L X I J L F D Z Z B B S L C S X
U O Z G R Z H D T D Y L H D K T Z H
I K T X V I B K C H E E S E N I H P
V T R D F K N Z O X E Z Z Z F F N J
V U Q P L A C I S I A D A K C A L Z
```

ANNOYING	FUTURISTIC	PROMISE	SHINY
BREEZY	HEALTH	PURPOSE	SKIN
CHEESE	LACKADAISICAL	REPULSIVE	SUN
COOK	LOVELY	RETURN	TEENY
DIZZY	MACHO	RISK	THIN

Puzzle 14

```
D I M M I S U O I C I L E D T E M Z
M M W H W W S O T S K Q W T R K T I
C S N R U T Z H F L W B R E V Z F A
T H F E W V X P A S J S E L T Z D C
A M G U N B E C E N B U C D A O T W
C A L A O C I O L F U U K D N O Z O
I R U V T N O V V N H M T I G V C R
D V C V Y F U U L C H B O M I M U R
I E W C V D S O R Z R I A S B I M O
C L I L L C C R F A X E R G L K B B
V O D D I K Q Y N U G O A B E X E T
J U E E M D O B A C I I F M W K R B
P S G H T P Z C J R O O N H O P S I
N W E L V O B M Q K D Z V G B O O I
L A L I E E I U G T G L R N R A M G
S Q L M G Z H T J H K B N R F M E I
H K A L W G Q E L A Q R O B D L R Q
R O R R E O V E R J O Y E D X Q J K
```

ACIDIC	CUMBERSOME	MARVELOUS	TURN
ALLEGED	CYNICAL	MIDDLE	UNLOCK
BORROW	DELICIOUS	MUTE	WRECK
COAL	ENCOURAGING	OVERJOYED	YARD
CREAM	ERROR	TANGIBLE	ZOO

Puzzle 15

```
A H F D W J M Y S T E R I O U S A S
H B A E N X S E B H E H U U C H P U
V J I T W N C A S R N D C R E L Y K
J W R A M A D H F F N O U Q Q I P V
D J E N F I Z N Z A M O X C T R R C
F E X I N V U Q L B H C F G A A K E
N F V D S E L S A K D I G I S T S L
L E R R K C I T L U S L S V G O E N
K V M O A H I M W L A K Q D M B Z A
R X T O N V A P E Z V F R N U K D X
N N N C E T Q X G T O X F L M L V B
J L G V E P L B G H R J C V G R U A
B O H R U W T Z G G Y J I H O S Y A
K A I S P Z N X W F T U I F H K P B
N A G E G D E I A W A R E E L M J A
L M B N Q H C B T S S R S I T T X I
P J H R T G S B K R A P S Q D O V K
E J A N W T K L E R R I U Q S D S S
```

AWARE	EDGE	ISLAND	SAVORY
BUSHES	EDUCATE	MATERIAL	SCENT
CLUB	EGG	MYSTERIOUS	SILKY
COMBATIVE	FAIR	NAIVE	SPARK
COORDINATED	FRONT	RELY	SQUIRREL

Puzzle 16

```
H P B O R U E L E D Q E R X N T X H
N E X C W X O I T N A N O S E R A M
N T C L P A U K I A L L N F P Z O J
Z R N N T N A R D Y H E D V W A C R
D W P A E G E T R M G P E O T C E T
L D E I I U N S A I J E D E H O N H
H E N O A F L G D D Z U R D R W Z D
V F I W C D E F J R B V A H Q S L V
T E T Z I G E D N G E V U J G W U V
I C E Z Q D F J U I E V G M T O F U
F T N W S N E A I P S J O T G U E V
O I T R P K R D K O O H N L U Q S O
R V W Y U A C T X P R A B L C K U G
P E R U N E N E N A R R O W L U I F
G X G T N G I D D G U R M X F Q O X
L Q E T K J R M A T P T T A E R G G
U E U J E A O L Z J A V M B T U R G
N T B A H S F K A C B S H C A I I N
```

CENT
CLOVER
COWS
DEFECTIVE
DEFIANT

FLAGRANT
GREAT
GUARANTEE
GUARDED
HARD

HEAP
HYDRANT
INFLUENCE
NARROW
PENITENT

PROFIT
RESONANT
USEFUL
WIDE
WRY

Puzzle 17

```
L W M G Z E H H H L K Z O C I N N E
X C D O P N U R R D C B Z G R L T R
A B B Z A I Z I A U H R O C R E D E
N B L H S H G D N O I T N E V N I F
C R Z P T C L V Z J P Z L X Z U O R
S U F H E A U L C A U I I M Q Q L E
Q S T D B M M V X L G P B E F A B T
Z H C O M M O N W A R L S F L K K N
C K R A R I A Z V B K I Q A L N I I
H E G L S O N E A J G X M O U R N F
D C J A E F R S F O K F Q O Q Z F L
N W S I I A R W L H H R K R N R Y N
V A V C G Q S O T U B Y P X F E A D
Q R M E W J P L F L X R R K B D T E
Q Q K P O A K R T F G M E J T D S T
R O H S C U X C L X C H W P D W W L
T T P I R C S E D N O N B D U J T E
H D E T A C I T S I H P O S M S O M
```

AIR	FRY	MACHINE	PAST
APOLOGISE	GIRL	MAN	SOPHISTICATED
AVERAGE	INTERFERE	MELTED	SPECIAL
BRUSH	INVENTION	MOURN	STAY
COMMON	LABORED	NONDESCRIPT	SUPERB

Puzzle 18

```
X B J L E I D U E A J V V Q X J O J
D I Z R W W T G U T U T Z S O G I I
E R Q C A R E F U L O D Q K D L E G
E D H A V F M R O W N A E Q G U M O
R L A X O H W H X O P U M Q U K L E
C O B A Q G M O N T N R A E L X G N
X B W A N A X I I Z L D R A G V K P
N Z P O E N O O N R E T F A J I O L
L K L R B K O V Z W B R C L F P X E
L E C R N R I W I S T F U L B D U I
B S W E C N E L J Q J I I V A G W V
I P L V O N K A R K J V B R L O V L
D H F O I H H G K H M E E T U J A V
K N K H P J N K L A N S V M N Z I Q
R J S G H C R I P O B G T N C Z F U
H N E T T O R U T T T L V M H I I F
M S I T J X Q S J T P I E C E R F Q
U N A A O E T W S U O I U Q E S B O
```

AFTERNOON | DARE | LIKEABLE | ROTTEN
BELONG | DRAG | LUNCH | SCREAM
BIRD | HOVER | OBSEQUIOUS | STONE
BREAKABLE | JOKE | POP | WISTFUL
CAREFUL | LEARN | RECEIPT | WORM

Puzzle 19

```
P U K L S N B Q W L Z S R E T S I S
G I R P D Q C V A O O E R D S S T Z
B D I Q D R N T O E N N N K P V E T
K C U X E Z N L L R W S E F O S S O
Y Z X K V E A C H Z A N C P L S G M
Z W L J D M I H K R I W A V I N G A
G I Z I E C S T U P L S F V S I K T
M C C J I C N W N D C B M M H P I O
L C S D O T A T O P U B T T U P G E
A Q F P L B P N E M C D J M K Y C S
M N U L M L S K P N I O Q L U D U F
O C L U U U X Y I A E D M O D H W N
E J L L N S R A R J A S N E V S L J
D T N W W H T F T T K M T F A S M T
J I I T W R A X Q I P E H G F L R A
O E T C U V O I P I D A X K E H F Q
N X L C X R C B F T Q T X U U A I O
K Z D H I E D F R T W U W D M I T F
```

ACCIDENTAL	EXCITE	MILK	SKIP
AFRAID	FULL	NIPPY	SNOW
BLUSH	ICICLE	POLISH	SPICY
BUMPY	LAME	POTATO	TOMATOES
CURTAIN	MEAL	SISTERS	WAIL

Puzzle 20

```
I O T N T L N Q Z H I F T G G W F N
M O N O Y A N I Z J Z N R N G Z H U
V L E I P R G F E H A Q G O G M D T
B S U T I L F Z E V W I J Z O X I R
Z A Q U C O R V R V M O N B G Q U I
Q A E L A N T E H C E E R R M U P T
D I R L L G S A T P A N J R A P D I
S I F O V T D V W R E D G N I R F O
F S Q P X E Z E X T Q P G I D E K U
O E E D H R H T C G M E A B S E D S
T B F H Q M O X M A R A A Z N D Y U
C V H X C J S T H C Y R T H I M P F
E R T P X P F D D E R A C S Y M P F
P A L L U R I N G V T R E C F S A I
S T H X Q U E H W F R K I N L D H G
U P M N T L H Z E H T U Q C N H L R
S R B F A U F W Q P J Z M N H J K S
R A D I A T E N O S T R D G U G S M
```

ALLURING	FREQUENT	NEAR	SCARED
ANGER	HAPPY	NUTRITIOUS	SERVANT
CHESS	JOG	POLLUTION	SUSPECT
DECAY	JUICY	RADIATE	TYPICAL
EVEN	LONG-TERM	RICH	WORRIED

Puzzle 21

```
F D K G P E N S S S P Y B R T H T J
N H D J K Z E L T L U L F E H Q P S
T W C R A E E A H I S G F A R M P X
G E D F L E G I F V L U S L G F K I
M J X F P E M Z B I Z C P I A E C G
D T I C E P W U T F W O I L P B S T
E R Z I U J O R M E X U I Z I A C F
R E R L V B A U L R B N B L N V S W
E R S A M N U P A U D T I A G E T P
V E J P Q N M F C T L W H M L F P W
O C G U V B B Z X A E F Q F P N A D
C A I O E M W X V M A W I I E Q E C
N L I Y H T L A E H T S H R V A H O
U X I A A K T N D Q H V Q G B X C S
V W D S F I J O E N E A T U U J P V
V N V G R T F N C O R V X Z R O B I
J U N E A E O E T W U O O F T Q C C
I J V R P J M E V I T C E L E S R L
```

CALM	GAPING	PEEL	STAGE
CHEAP	HEALTHY	REAL	TIRE
COUGH	IMPULSE	RIFLE	TRANQUIL
COUNT	LEATHER	SELECTIVE	UGLY
CUB	MATURE	SELFISH	UNCOVERED

Puzzle 22

```
P L R Z V C F A I N F U C F D X H K
I I F B A A O X R V O F L A L C L E
A S C L Z L O D A P O W G M C U I L
C T C Q T C L D K M G T G O L R H Z
T E I U L U I T I D E R C U J F O D
J N T R R L S T E X E U J S H T X C
F O O Z K A H D U V A O I A L E P U
G S X M E T S A W F L E O M L E N C
G I E U B E Q J F L K C O L F T B U
W D D U N V Q Z Y U X O I A I H O D
Q E B A L U F W P I P E V G J X E Z
L F F R A B R A S I V E U B L T P H
Q M S R V J A H K L A S S O L O C M
V G E E A V F F R A E D G M F V W C
O M X S G Z J B I Y D A E R J P I M
S W F T U M W Q V W N E C T V A O K
U Z I A E A S V M C G C E L C S U M
R C M P R E L B A N O I T S E U Q I
```

ABRASIVE	DEAR	GLOW	QUESTIONABLE
ARREST	EXOTIC	JOLLY	READY
CALCULATE	FAMOUS	LISTEN	TEETH
COLOSSAL	FLOCK	MUSCLE	VAGUE
CREDIT	FOOLISH	PIPE	WASTE

Puzzle 23

```
C F S T E E P H Z E V A H S T D H G
Z Q L O W M W H B A B H H Q Q B P N
Q X E O J A U T R H Y T H M D N L I
J E T A R Z H V I L J P C L R S K G
P E T M P Z V N C P N S M R W W H A
C P E K B N J R F G A F U C F Q U M
O O R J V E L E K L X L A C I F I A
N L S K C R L A S S I K F R K M B D
C S L T T W W O H U N S O A I E K X
E S F C A F N C O T A M S Y R P B S
N H E F H M P C A K J C Z O X M A U
T T H K J H C F X S S S E N X P R T
R V S F I H B U N V T W W X I E F H
A T Q O A B D E E P L Y L M T S P T
T L B H O F Z W P Z C X Z R O W S R
E W X L Y L R E D L E B O M R E P O
F G F Z P T J S T T O P B C I O Q H
T S H R O S Y M P T O M A T I C Q S
```

BIKES
CAST
CAUSE
CONCENTRATE
CRAYON

DAMAGING
DEEPLY
ELDERLY
FLAP
INJECT

LETTERS
LOOK
PORTER
RHYTHM
SHAVE

SHORT
SLOPE
STEEP
SYMPTOMATIC
WAR

Puzzle 24

```
F R D D O O W K Q F J C R R W E A R
X I U E S B B U T L R X E E H M X A
P K M N X A K M U E O V P E T O B I
M G U G E C M F A T L I P G T S M N
V D K G I U I T B S L Z O B I L Z S
X U G D S H O T F A F H C B P E P T
G O M A M R V L I T W T Q A N R T O
F L D U W S J A T N S I Q R V R G R
G N I T T I F E B P G E R W Z A F M
H M E M O R I Z E L M S U Z R U J K
X J Z N C Z E I M F B M E K W Q U A
J Q R A V C L C O U R A G E O U S R
U G O X Z O K O D A L O O F I C H B
U T T C G E N H N A V G Z E P K Z S
P S I S T E R V L F R E G N A R T S
R T W U P D C O H E R E N T I M M H
M F V C G V R B G A R R U L O U S K
R T E N D E R O K Q O F M X W I Z C
```

ALOOF	CREATOR	QUARRELSOME	STRANGER
BEFITTING	EXCITING	RAINSTORM	TASTE
COHERENT	GARRULOUS	ROLL	TENDER
COPPER	LOUD	ROT	VAN
COURAGEOUS	MEMORIZE	SISTER	WOOD

Puzzle 25

```
S I K M P X F G E V D F F P T D M O
K N I Z J I D Z K G E C X W R M S H
F G Q E E Z P E P G B V R O V V S W
T Z T R S W T F E F H W F A Q A L E
G I C Q R W L G E N W F E A U Z F Q
B E L M S Z O Z R G A C S J Q C W K
K V I G F R O I T C A K Q T C K C N
F R G E I C H C W Z D N W M X R U O
W D E Q Y D C R R B F M A J M I D I
J Z I D B L S O U A A M Z M P G D T
M W U S N S C A T T E R E D C H L A
N A J C T A J G G O H X W O H T Y T
G M X H K A W L D C P E L O H E A N
K X P I B Q N W K S U R X W T O W A
B M K V C E N C Z O O P R Z E U V L
L I F O H E A I E X X B N W D S C P
D Q S V W P V S C I S S O R S S E S
D T N E I D E B O T T E K C O P T S
```

AFFORD	FIERCE	NEW	RIGHTEOUS
BED	GAUDY	OBEDIENT	SCATTERED
BITE	HOLE	OWE	SCHOOL
CUDDLY	MANAGE	PLANTATION	SCISSORS
DISTANCE	NEED	POCKET	WANDER

Puzzle 26

```
D A F F Y C O I L K X F C K I G D F
S L C O Q Y T S I M T U I J F P D Z
Q G N I H C E E R C S D E G G A J A
U L C F E J N M Q X X S V Q L A T Q
A O W M N L G I J R J E S O N E V I
R O H O U N I G X M H U S C E D L H
E S A Z X G S V B O T W B R K Q J U
N E L N P T E B D E R L G T Q V V G
J J M R P I D F E V U A B C T L E P
P X I S A G J W A S S H K E M A M V
D Z A K R U S K M I S R K N E U A H
L A P O A R U D D G D O U N V G T T
E T A H L H K N Q M L C R O N H H M
M D S X L S K U L Q T R W C Q A T R
A L I V E L K O I T K X N X Z B Z D
G H S C L T X W W L I W C W Q L K Q
W W P U Q O G X I V J J S A F E C X
D S U W N R U S H A E J A U U T G B
```

ALIVE	DISAGREE	MISTY	SILK
CONNECT	HATE	NOSE	SQUARE
CROSS	JAGGED	PARALLEL	SWEET
DAFFY	LAUGHABLE	SCREECHING	TAME
DESIGN	LOOSE	SHRUG	WOUND

Puzzle 27

```
E R Z M V C T A S U O T I U Q I B U
R N J S U O R E M U N S S O D E H V
P C G L E A M I N G X E Z N Q T E W
S D A S H I N G E U A H I L X C D O
S P K K S U W E W S D F I G J Y C B
E J G P L P H J H W O M H X A M J S
L U E L L M S O B T P M E R A E J E
R W P K U X R U D I A L P F S C A R
E B J F P E J R N J B S I A A V O V
B T N K P Q A G U A D C E G L E P A
M W P E Z H M N J K S R U V S I V N
U B D X T B P F G V C Y G S X L N T
N V X D U A P L A N E K T Q T T K J
O W A J Q D R M I C D A A J W I B C
H L J N X L R C R C F L E Q V Q R B
B S T E A D F A S T D F I Q L L I Q
U T W E C I O J E R D N J C J I P G
U Q G N U G R A T E F U L I Q Q D L
```

ABLE	GRATEFUL	NUMEROUS	SPRAY
CRATE	HARD-TO-FIND	OBSERVANT	STEADFAST
DASHING	INCREASE	PULL	STIR
FLAKY	LIMPING	REJOICE	UBIQUITOUS
GLEAMING	NUMBERLESS	SEASHORE	VEIL

Puzzle 28

```
Z C U L J F P D R R C F M J O C Q L
X R A N Q E L T B B W V W T G A Z U
C Z U H R J Z O X T X Z N C Z L E F
G N I V I L W I E M A F B I E L K H
Q U L J B L T E C S L W A J W O J T
D K P A P T H N U A U R D Q F U S A
E H T M H Q T O D A D M I R E S P R
T K R M U A N B O D X P S Y D V W
A C I F H B I U R T H T G U V H X L
M N C G X I O Q P N G Q A B E M D A
I U K L M K P J E E I U T D W O A U
N X Y Q A A I B R M H S N U Z R Z G
A V X Z I W A X I T H Y E E A D J H
J H D A D Q K T P S U N N D U E A T
O Z A M Q E P D N U A N I M H R B H
I N G W E H V I U J M I M Q O A E T
D U E M A Z P U C D R K E X T T C T
Z B V X C H L H M A G S D U R Q F A
```

ADJUSTMENT	CALLOUS	MAID	SKINNY
ADMIRE	EMINENT	MEEK	SUBDUED
ANIMATED	HIGH	ORDER	TAWDRY
BONE	LAUGH	POINT	TRICKY
BOW	LIVING	REPRODUCE	WRATHFUL

Puzzle 29

```
D K N J K W G J E K C I S R U Z P J
T N E T J Z G R C S H R Z C J E S E
O E W P O I A X V C T C K N L E D E
G E U M R O F T A Q S I Z B G D U L
R F L A E E P E G S W S M A L V J B
K W F G H D L Z S U B I O Q D V E A
Z F C A C B F R R N N E Q M D W H T
E H P L N C L A I M I U I I K Y K I
F T A G H O V O D D B F S F F Z N U
R H B F L L I E O G T K F I U S B S
L L T H K N I H Y W S S R A P Q A N
B R I G H T N U S R E R E D S J W U
B R R S X J A W K U E L K T V F D G
A S K N C N T C K T C L L Q O F Y C
L U F R A E F B O A T S E U I R W E
I S C Q C E Q F Q H B T C C N C P K
N V Z P E U Q I N U Z S E I B B O H
A Z I W J D F W A C W B N X D M L B
```

ASK	CELERY	HOBBIES	SICK
BAWDY	CLAIM	KNEE	SNIFF
BLEACH	CUSHION	NIMBLE	TERRIFY
BOAT	FEARFUL	NULL	UNIQUE
BRIGHT	GIRAFFE	PROTEST	UNSUITABLE

Puzzle 30

```
T W G X W K I S S D P O M L Z G D L
O H G G S U O I C A L L A F I D Z L
G R P A W B V D D T W O A Q C K D H
M U C N I X S R H Z G X L T L X Z A
R A L K J F U R N I T U R E L W U N
F I E L D L L N P O W S P N T A C D
Q C I A S I W F G M R O F N I S L L
U J L F M R O B U C I T C A D I D X
E I C A T S H V C H L H S D M P C I
U F P S A A P P L I A N C E R W X W
E H S C T E L B Z N K A S L Q R E H
C U U I S S O O N P O C E X N R E M
C J O N N I A E A G O U F W I L E E
X E V A O L L T T R J I K S L U Z I
A N R T S E T S C H I S E I W S D C
V O E E I E P H C N I D S I P S R U
X V N D O N Q E D K A H Q Q R R T Z
R C U S P K A G N W V B C N I L K Q
```

APPLIANCE	FALLACIOUS	HELLISH	ONE
BAN	FASCINATED	INFORM	POISON
CHANNEL	FIELD	KISS	QUEUE
DESIRE	FURNITURE	KNEEL	SAW
DIDACTIC	HAND	NERVOUS	SCORCH

Puzzle 31

```
I P V T R E I C G D A D V I S E J S
G M M I U H B A T L M E S S U P B F
S H O C K I N G T S E N F P A E S W
W J F D K C U A M F O V N N C S L L
I N D L G R V E F I B J I P R Q L G
Q U N V E Q L T T N O J U S A H E Z
O O S O H L H P M Q N N S I I Q B W
W V K R Y G A N C N I O G H Q C D G
P R B E I C P V S S I K L V P X E X
G R M N R O M U H I V O U P S N V D
R H A E X P C M S E A Q E E K K X W
O G A C X J E K Y A D F R D I K S B
U W J D T N M A D V P M X F R I O E
P B R R T I F E A J M U B U T A P Q
E L I Z B V C L H T W Z E A B U H Q
J K X U R W U E C K M N R W I L W F
S R B F C E A F U M W G E D U D F K
V K P R F E E M P B E G I N N E R P
```

ADVISE	DAM	GROUP	PUNISHMENT
BAT	DAY	HUMOR	SHOCKING
BEGINNER	DECISIVE	MESS UP	SKIRT
BELLS	GLUE	NIGHT	SMELLY
CAPTION	GRATIS	PRACTICE	VALUE

Puzzle 32

```
C O N C M Z M P J P F T M O W H A V
F W F P P R D S L H E Z S B P L O Z
H P Z E K K Q L U I U B I R L K H M
G Z Q Q J L A A H L U H X O U C M N
C R D R A C E T W D O S W N A B V X
A S W I N E C I U E R E S P E C T S
G T T P H H X P W S O C Q E B P U I
R T T R M E F S B S I R S K U U G L
E D B E I J D O M E L O M A J H L L
L Z L U M P M H X R I W Q D B B I Y
I R T F J P E V U P R D R M G Q E L
G T G Z X O T D W E I E W Z C K S U
I Q J R C H J Z G D Z D Z F F O T F
O B N M L B F O R G E T F U L Q T L
N R I I E I E C H A N C E K H Z F X
W E L C O M E N Z D E C O R A T E H
E T I D N O C E R B N K L K O V K P
R A J K Y L T H G I S N U A S I Q R
```

ALLOW	CROWDED	JAR	STRIPED
ATTEMPT	DECORATE	RECONDITE	UGLIEST
BURST	DEPRESSED	RELIGION	UNSIGHTLY
CARD	FORGETFUL	RESPECT	WELCOME
CHANCE	HOSPITAL	SILLY	WINE

Puzzle 33

```
G H E N D P O M C P L A S T I C R G
D S V E G P W P F T K E N C W A Z S
C P I D R E F U S E T I E Z H B E Z
H V T A M F F W Z A P O R M A L U A
I E C M Y D L E I W N U H S K N S P
L S A L L M S E S S I D E T F Z S M
D S R L A V U B R R N B K U V P E M
R E T E V M P W I Q A Z X X A H L V
E L T W O T G X M L Z W F R D I T E
N Z A W R U Y O L G O A K R O C O X
N O P Z P E T I R L N L B E P V P P
L N I K P M S D F G I I Q W R I S E
L I E O A O A J E N N O R U P D W R
E U L T A S N S G K P L O E K B W T
G W A B T H A E C D R L R U W V H C
S W C P N I G D U J O A J F E O U D
W J U A I H M C L C I X M P T N T T
N Q Z B H H H U K B O I L I N G X J
```

APPROVAL	COLOUR	MITTEN	SPOTLESS
ATTRACTIVE	EXPERT	NASTY	TOWERING
BASEBALL	FLOW	PLASTIC	UNWIELDY
BOILING	LEGS	REFUSE	VESSEL
CHILDREN	MARKED	SPARKLING	WELL-MADE

Puzzle 34

```
K H B U T T K W D E T R U C K S U I
Q Q Z M S P A K G E M U P M W C N N
J C J G I G P N H J L W P X G T Q C
Z E E V W F I B V S R B U U T U D O
R Z T I T D E I S Z H Z M O M H X N
V B N H L E M T S O H G U U L S F C
E L A I O L G B W K A R A V J X A L
K A U F F I P D Z U B O N E Q D N U
M B R M E A J C Z C S R O L R E C S
I Q L D W T E G H P T U I B P E Y I
S A K W T E T T O X G P S U V T R V
C M Y N S D I O S X Y C E O W T V E
R F J R H L L B M T W F L D V U S T
E U P R O N E T I J O E E J L N U I
A D L M M T N T N T L G S C V V B C
N R C O A Q S P E F L I S U W O Z C
T X Z Q H F H I J N I S N E E Z E R
P Y H S A R T T H G B Z H J X A C H
```

BILLOWY	ELITE	JUMBLED	SNEEZE
BUILDING	FANCY	MINE	TOUR
DETAILED	GHOST	MISCREANT	TRASHY
DOUBLE	HISTORY	NOISELESS	TRUCKS
EAR	INCONCLUSIVE	SHUT	TWIST

Puzzle 35

```
B D F U B K O V R T C S P A G E O H
O L N F I N M K N I L B M W L O W S
T U C R I A H A W K C K W D C Z S L
H V F R P P A Z L R Z Y R S B P P I
I P K O L N N F O L I A N Q Z X Y P
I L X M G U B B S L W T N A U A D N
P R J L I H T U W E Z E I Z Z P J X
R A E C Q X O L R T H W S N S C I N
W O R A G I M A T O O K R G G I I D
W U V C R W V F I L L Y C T N G A W
D Q K U H U E F M P I P D X P I M Q
E M P I X E R D I O D M Q N C I R E
C S A B A V D O L V A U L A E T F V
E D O K N W B K C R Y R N E K J H I
F J Y T R I D P W R S G Z M A U P T
G B G K W E O R U L L A M S U X E S
P D W N I R G X P K M P K C F X H F
O L W Q K Q W W Q H B P H K O K B T
```

ANGLE	HAIRCUT	PARCHED	SMALL
BLINK	HOLIDAY	PLOT	SPURIOUS
DIRTY	LIMIT	REWARD	SPY
GRIN	MEAN	RINGS	WRITING
GRUMPY	PAGE	SLIP	ZANY

Puzzle 36

```
W L J B L F S F A K P B T H I J O X
J I S T I T C H Z S R Z Z U B G C I
E W K N R C C I S T R E A M U I R M
L A N O L B P O E T J G U U G L T D
L R Z K C K S L S T M Z A L D J T E
Y T O U X S A A I U E D A X B W V T
F S C U I S L G I V E T W R P Q U F
I S F F T U H E J S S N K V J E O Q
S P I I E T R O C O D L H U D U C F
H E C W R B S R N E L M J I H E P E
D O R A I Z I B G I R U C X B C Q X
K P A R C P U V R G P E V D P I I K
C I D M T L S H P J D V C H M M K M
O S S I B J T L B A U V W T N R Q V
K N V V O J S S E L T H G U O H T E
I E J K S Y L E M O S D N A H H I D
V C F H Z W I W G X J G P Q N B B M
F V M A G M A K F O R K Q F S A V O
```

BIRDS
BLUE
BULB
BUZZ
DECIDE

DESCRIPTIVE
ELASTIC
ERECT
FORK
HANDSOMELY

JELLYFISH
LAST
NOSTALGIC
OSSIFIED
STITCH

STRAW
STREAM
THOUGHTLESS
THRILL
TIGHT

Puzzle 37

```
F M H Q G Q N U T T Y Z K T O B M E
W K A Z N D X F Q K S O L I D M D Z
K C N S D R I Z E V J M B M W X Q U
E X D W V L A C E O N F U Q B P J N
N C L F P T X I A M R E R B O P R N
K C E B N R N V P L N G N N K B O D
S O W R R D H I F E P T M K C V N P
P M J E M I R C E O E P N N I I R W
O P P Q O W U R M J L H U T R N E D
T A N L R E G L E Z X L S X T T V E
T R R Z M V D A S T G L O A W E O A
Y I D B M E K B O U Z I C W T R G S
H S O C P H L A R D D O B E W E W U
M O T E R S Q S S Y S S A S H S J U
M N N G P Q R H Q P R U K S G T V W
O D D P O I K E K O E T O Z W P O M
A M O S Q M R D S U B T R A C T E P
G G W Z Q G K N W G Q L N Z J D P G
```

ABASHED	FOLLOW	NUTTY	SOLID
BURN	GOVERNOR	PLACID	SPOTTY
COMPARISON	GREEN	ROSE	SUBTRACT
CRIME	HANDLE	SASSY	TRICK
DEPEND	INTEREST	SHEEP	VEIN

Puzzle 38

```
V B I M J R D K T E N U O U S Z R N
R H G I T E E X G W B E U R X W L T
U U F A G D W T E V E R P B U S E E
U I H J J U O F D I G Q L D G Z T J
I H T H S C L E A R D H X Q H Z T D
K B Z L H E L L A C A N G A O N E O
E H N E R D A K O E B T T X X W R M
W N I R I C H T G L P M R E P F L I
G V K B A N F L O W E R S R N O O N
G Q D V H L Q Z L P F S E M P K M E
H B H N N W L N E V A L S S T X W E
O X M J U L S O M F B B I H T Q D R
M L R U U T T R C A R D G K M O N I
L I T A A H A I C U E I J G R U O N
K I L M M E U H I D R T X D L E C G
G Z P A H U J S U N C L E V L R E S
Q A I W I E E D M F O I E O S P S G
C C S L H D B X G M E T S Y S G R Q
```

BADGE	FLOWERS	LETTER	SLAVE
BRUISE	HAIR	LOPSIDED	STAMP
CABLE	HALLOWED	REDUCE	SYSTEM
COLLAR	HAT	RIGHT	TENUOUS
DOMINEERING	LEFT	SECOND	UNCLE

Puzzle 39

```
N O B K B N S V O P X T G R B C L X
N L M I B L N Q K Q N V I O H O B W
G U O C Z A O J R A T A V O E E F O
S N O K M M D Z T R P M E T T M O M
X F A W N E K I E E B B N L A A L A
X M C F E U O F R A I O P E R N R N
R V L G N N O J T T E P K C E R E H
P D W D I B Z T J O X H U R T Q H U
R N B Z F F L V N A G T C A I K Q F
E Y M A G E S A L N W M N P L F D B
R M N R V F S E A S S E L E S A E C
U J C O E A N R B I B J M K T V V Q
T A E U P R S R O F X R A Y V A T Z
A F U Z U G N A R G X J O W J N B B
I I D N M R N Z E M L B X V S L V H
N T G V D J A I R V K O D N E T J S
I G T T F Q H B T X E M V X A M H H
M Z I I A N I T U L A F H G I H F Q
```

BAD	FANG	LABORER	PARCEL
BATTLE	FAR	LITERATE	REPAIR
BIT	GAMY	MINIATURE	TEN
BIZARRE	HIGHFALUTIN	NAME	WOMAN
CEASELESS	KICK	NATION	X-RAY

Puzzle 40

```
G R B U T N E D I F N O C R E V O W
N R J B L I K E B I Z O Q L U T U O
J E K E K A I I A K N R C K T P C I
E N I P L I P T S S Q L L I K Z G R
L R F F A B R L J V A R I O U S D T
L S E N A E I O L E T D O L L S A R
F U N G C B B S Q C L B N K J H V A
M O Q U R L X Z U T B B A T A E S N
B I X F E E X R I A S Q A M W K B S
B V Z S N A T D Q V L Z K P K F G P
Z E S T B T W S Z N B P O Q A E F O
E R J A C L C M A L M B I T U C Q R
R P C J G C U H F E S I M P L E T T
B K O W B S R K B L P I H J E N A P
T O A U R Q T E R C E S F D U Y J G
X R E L B R A M C R L O B F R F N A
Q W X O B D I A B I S C S A C D A C
D J E E H J K Q V C B H W G E T X N
```

ABACK	DOLLS	PINE	SECRET
CAPABLE	JOBLESS	PLAUSIBLE	SIMPLE
CERTAIN	KILL	PREVIOUS	TRANSPORT
CIRCLE	MARBLE	REGRET	VARIOUS
CRUEL	OVERCONFIDENT	SEAT	WARY

Puzzle 41

```
P Q F C R T E L B A R I S E D N U N
M N D K U Y A W N D M K O V S X R V
F E M I S G N O S U Q T L O B S M I
H R R T U U S K G V N M A M B Z E O
X O I T N E G N P E U O W H N A X U
T D I E E D I R M A T T A C K N T S
L L X M N N U E M K C I G I V M P H
L J L L A D T M Y Z J E L L Y R W E
A Y Q O K A S K N I I W A T E R N L
Q P M F T J C V I N J L I C X Q O T
L G N S C U F P V A M U E J W I B E
G O O B L W R O O B M D Z Z D F S R
V M J P I D A R Z T E U T L R N O W
M O D E X E N S N C S R W C B L L O
M H U G N I T O J U A N V Z T W E V
Z S F R B D I U W E O D O I A T T U
B H N N W J C P Y Z H U R N N S E B
F M W G C O G S A R V F L P B N U W
```

ATTACK	MOANING	SEEMLY	TABOO
FRANTIC	NONSTOP	SHELTER	UNDESIRABLE
FRIENDS	OBSOLETE	SONGS	WATER
HUG	PLUCKY	SOUP	YAWN
JELLY	PRECEDE	STATEMENT	YEAR

Puzzle 42

```
T Z F T P E R N U B O B D I D Z S L
O T R F D H R I E M S I F Z J C J W
P S I Q P A E A I F R P H R L C A R
U N T Q R L J T U L U V P T Z C S V
V Z Z P A T E R C W G I A N T S S I
Q C Y I V I C E U A L S H A G N A B
H R F P N N T T I T R L D D G L D E
G S O U N G K N K C A M Y S X C K N
X O W N C Z Q E J H S A O M R D S G
U B P C I B B S X E B D L G Q P V I
M R D H T C U N V A Q L P G L A E N
B T O J A E T W W J F Y M I T L J E
R S U K M O T G I D V V E B W C X I
E V X X O L O L G N X W E X V V L C
L U I V T U N Q P Q O O S V U F B N
L D P I U B P P T N E L L E C X E X
A L I C A P T E L T T I L W B X S V
H S Z C I Q X G U I Q K D K Q B Z A
```

AUTOMATIC	EMPLOY	HALTING	RITZY
BANG	ENGINE	LITTLE	TOP
BIG	ENTERTAIN	MADLY	UMBRELLA
BUTTON	EXCELLENT	PUNCH	WATCH
CLAP	GIANTS	REJECT	ZIP

Puzzle 43

```
Q G X G V H A D A B E J K K L Z B D
Q T T A O H X Q T I S L J P G E T W
G O Y I J L H X Q C X H B H V Q R W
A T R N W T E O M G S N A A Q B R T
E N O F U N U N S J Z O K R T F T E
O E E U Z T T O W E K I A P E A N X
Q G H L P J T N R T C T C L E M E P
D I T T F C V V R P Z U K Z V S M E
Q L P T N E B P S V S B K X U A E R
E I C T Z Z N Q H D W I M J N X S I
M D C S R G I K E W K R L S I N I E
Q S G G X E D B L C P T K A G G T N
N G E T T I S V F W V S C I P I R C
T U S H K F L A I E J I I D F E E E
C C A P H A E Z N R F D H U N R V T
V M E D U C C V B D O K T S X C D V
T G L F X E P E K E V G P T D F A X
Z C P P F F L E S H L V C F X B X F
```

ADVERTISEMENT   EATABLE   HOSE   SHARE
BENT   EXPERIENCE   NEXT   SHELF
DILIGENT   FACE   PLEASE   SPROUT
DISTRIBUTION   FLESH   REIGN   THEORY
DUST   GAINFUL   SAND   THICK

Puzzle 44

```
S  S  T  N  A  L  P  V  Y  C  S  N  M  C  I  G  L  J
R  K  Z  G  F  R  B  R  X  G  G  A  I  X  Q  L  O  N
F  D  F  I  A  K  G  H  K  T  Q  N  L  L  Z  G  V  O
Z  M  S  D  T  N  T  U  H  T  B  Z  I  L  E  I  E  O
I  H  X  L  U  M  X  R  R  U  A  E  T  A  S  H  N  P
C  V  A  H  M  U  Z  U  T  A  X  O  A  B  C  P  H  S
Q  R  Q  Q  C  A  U  T  E  C  Y  S  R  T  R  G  U  Q
H  D  U  S  U  P  E  I  I  D  D  U  Y  E  E  N  G  Q
C  B  E  Z  R  R  Q  T  D  P  M  W  K  K  W  I  A  P
T  L  W  K  V  B  E  O  R  R  F  M  Q  S  G  K  R  C
F  M  X  K  Y  D  N  F  F  U  A  K  Q  A  R  P  B  T
G  D  K  D  S  F  N  S  M  P  L  R  O  B  D  W  S  C
S  D  E  X  E  D  Q  X  P  S  Z  A  R  E  E  W  M  M
C  M  L  A  G  R  E  E  A  B  L  E  J  L  P  I  R  O
E  E  U  L  P  G  G  V  K  B  V  F  D  N  M  P  U  K
N  T  P  K  K  E  U  Q  F  G  F  O  K  D  U  K  X  X
E  B  S  T  R  U  C  T  U  R  E  R  C  Z  P  K  A  X
E  L  H  P  U  P  S  U  O  I  T  U  A  C  L  J  W  F
```

AGREEABLE	EXCITED	MILITARY	SCENE
BASKETBALL	FEAR	NOD	SCREW
BUTTER	FISH	PLANTS	SELF
CAUTIOUS	HUNGRY	PUMPED	SPOON
CURVY	LOVE	RAY	STRUCTURE

Puzzle 45

```
R P D H C M C E B N A L P O B P B S
S Q T R Q G U F A M L U H F L X T T
F T B P A K B D Q U C P G F F C M R
K F E P R W X A O P H A X B R W P I
B P E O C R E V S N G R H E D V D P
P E F V D L C R G H T W T A E T U Q
L A R U T A N C P Q F G A T T O S V
U C F Z F D N B I P B U B U R L S Y
P E F J S X J D G N X F L T A P B H
J W Q N T B A T M B A R S E E M L S
P I R G I D E M A W N G B C H A C A
O A K J N W C O S Q E J R L D F A L
E S K G G K N M X V R L P O N Z V F
A S M L Y U U H D B F M K D I O V A
I H X A F Q O U A H I L M R K K M P
J O X F O H B U B H H J P Z A C N I
O P W S P G T S S N E M J R P P Z O
G N I H C A E T G T G X I S V M S W
```

AVOID	DRAWER	OFFBEAT	SPARKLE
BASHFUL	FLASHY	ORGANIC	STINGY
BATH	GRIP	PEACE	STRIP
BEEF	KINDHEARTED	PLAN	TEACHING
BOUNCE	NATURAL	SHOP	WRAP

Puzzle 46

```
K D F R V O O D O T L L E W J K L R
U S N J J O F A B U L O U S V K I H
Y J E D G N I H T M C T V A R U N R
K D M J M R R H B C G O S T E Q S G
N E O M R E F E H F L U K H M X U Q
A C W G O V K A S C T A T E U Z R U
W E G P G O N X A O Z O X A J N A R
S B V I V G R N N V L C N D I E N R
R G D O E E O D X X Y U P B G G C L
I U T J R G K V E E R P T U Q S E A
E Q T X Z P Q E N B L W X E D F W A
T K H Q P J M O G T F L R R A D T S
A A T I C O M I V D B C N A K W C T
C Z X G G A X J E F I R C T A Z H E
I Z T Q C O I L I R A R U Z I B T E
L T M U W D Z M I W E W B K M A X L
E B K Y L D N I K W I S F A M R U Z
D Q I O J U B P U Z N K S V V D U G
```

BEDROOM	DRAB	KINDLY	THING
BRIDGE	FABULOUS	MONEY	VOLCANO
CHANGE	HEAD	RESOLUTE	WARN
COIL	IMPROVE	STEEL	WELL-TO-DO
DELICATE	INSURANCE	SWANKY	WOMEN

Puzzle 47

```
L D U R O T A L U C L A C R O D E L
X U W A K E V R E N Z D O T V S M L
S Q S F Z N D H E V I E C E D Q A S
W T F I B J I C I T W Y S U B U N V
A G G R E S S I V E B Q E I J A I G
R D H W M F R E S H V E L G Q L A U
K Q W Q J Z E B Z F T U D D D I C M
R P H Z W C U P E F B O O E F D A I
D A X H N K D T Q C Z X V Q O H L C
H I N J G Q C F S D C P W U R D Z F
G N J G T H H S S O C J G A E Q Y G
R L F E E C A B B A G E R L G D K S
L M L S F L V O R B S C O A O K X P
P R B Z A I E I S K Q C I O I Z G C
X L L O D R W M M I J U L M N C T N
G Q D V Q R D U G M N B L V G X R K
W Q Q J K J J K X C L O P Q U E X H
V T E J G O Z C L O A D Z C Z H V U
```

AGGRESSIVE	CUP	FETCH	MUG
BLOODY	DEBT	FOREGOING	NERVE
BUSY	DECEIVE	FRESH	RANGE
CABBAGE	DOLL	LOAD	ROD
CALCULATOR	EQUAL	MANIACAL	SQUALID

Puzzle 48

```
M G C K B B Z N F Q G I Z K A F M X
K F N R H D L Q R H E N K M G O O L
R M C V A M P N M G L S H M W U L S
A E I F G C E M D R B T R I L E D C
L N L R O Q K Q E A A I A R V C Y U
U T E O V G I E G T T N I M R A V W
G E D G E N A X R E R C E Z F L X N
E R E S R I P U O L O T K N D P V O
R T H H N W P H C F F I X D E F I I
R A C Z M O N Y B G M V X L G F G T
C I Y J E N A K C A O E I E C A O A
Y N S F N K C V V N C R B B B A S R L
H I P P T L R U P G U K X Q A N O E
T N C T A A Q C T Z I O Z H B G U R
L G T T F U W M C M N V B Q L I S J
A X D D E S T R O Y H G M W C G R Z
E R X Q J Z E B Z T U D D S S A L G
W P H G N I M O C E B N U Z W F B Q
```

BEG	ENTERTAINING	INSTINCTIVE	REGULAR
BOUNCY	FROGS	KNOWING	RELATION
COMFORTABLE	GLASS	MOLDY	UNBECOMING
CRACKER	GOVERNMENT	PLACE	VIGOROUS
DESTROY	GRATE	PSYCHEDELIC	WEALTHY

Puzzle 49

```
V O E B I R C S E D U O O A J N K B
E T N I V C O I R D C C I M R I H B
V U C J P V D H E J N C W E G B L K
I K O Z N E R O E C K A V R S O E O
S Z N T T Z E Z D E X U P V Y I O Z
S H N J P H K M A S K V C D C M N P
E E E V P A W M A B A N D O N E D M
S R C K S U S W F I H U B P Q H G N
S R T T I G Z B G K R G E V R L U O
O A I B Q L F Z T H D X N J R U Z I
P T O K I W D K L E O V V H O F T T
D I N X C U Z L X E I R W N M R E S
D C T F G H I I I F D H S I A E L E
B P L D I T F B M H E A Q E N E D U
B V D L E S A B G U C N U W T H D Q
F K F U T J G L I B O Q U D I C I C
P F X Z J S G Z D I S T I N C T R T
T U T T E R M O S T P S J X B N B M
```

ABANDONED	DEER	HORSE	RIDDLE
BASE	DESCRIBE	MASK	ROMANTIC
CHEERFUL	DISTINCT	POSSESSIVE	RUDDY
CHILDLIKE	ERRATIC	PUZZLED	UTTERMOST
CONNECTION	FIXED	QUESTION	ZEBRA

Puzzle 50

```
N X X R C Z R T U E E B H L H J Q F
O B J W D I M A Q E S O L W A C E Z
N T L R Q O T O U C Q A U E T V B W
C E J N K T O N I L E L X P S D O Z
H E T F E I I T U X E D F Q J S M O
A R P N T T S F S M L O S S G S O K
L T D D N U E K P R H X F C C D C A
A S L O O T J T M C E F A Q J R B I
N C C C S R Y Q O G I D X K Z U E N
T T A A G L L N Q L G A N N P M K D
H V W W G S F A V L P U A U D P K M
U L D V Z E B S P H N E X D I M D C
S L T V S Y T E E T L D I D P O W C
C M E S T E G R H N L K R O U N D J
B V S T P A L A O B N U W N T K F U
I J O G M E W G Z Q B J M T S B W C
K N A A V J T P P J V L Z M K E P B
S X D F O H X Z H X A X C L O U P P
```

ACOUSTICS	DAMAGE	NONCHALANT	STREET
ATTEND	EMPTY	OVAL	STUPID
BLESS	FAX	PETS	THAW
CONFESS	LEAN	ROUND	UNDERSTOOD
CONTINUE	LOSS	SNOTTY	WASTEFUL

Puzzle 51

```
V T S I N C A N D E S C E N T B Z B
I L D P A R S I M O N I O U S Y W U
X P V H F R I G H T E N O N A T I S
E X O I B V M W K D X R C B V T M T
S Z G W Z A C I E X A G U K G I K L
I E E K E T B R L J B C R J I W P I
N B B Z A R E S Z S U A L J F N E N
G P Q R Q T R I Z X C W I I B Q D G
O H S E T E A M D J K O C L J G A W
C B G U S L I T J U E M C I F V Q L
E S L U G Z A D Q W T L M E A T W E
R C O T C O M M U N I C A T E W Z B
P R S T R E N G T H E N S R Q K S E
T A S V C S V K N V J Z A K G C R R
R O O H E S U O H S Q J F W D M D D
U L I S R C A R R Y P D R L P G G V
R R V L P U U A N P A D I Z U G H I
U T E L Z C C S V A E L A T S L N L
```

BUCKET	CURL	MEAT	SOAP
BUSTLING	FRIGHTEN	PARSIMONIOUS	STALE
CARRY	HOUSE	POWER	STRENGTHEN
CLUTTERED	INCANDESCENT	REBEL	TROUSERS
COMMUNICATE	KIND	RECOGNISE	WITTY

Puzzle 52

```
H O A W E S O M E L T E B F F V E U
S V X Z L P W F I R A U N A J C Q X
X B J A Z Q S H A C D G R N D X H R
B N Z H P G N I I A R N I A X Q G B
D M K E E B N P S R F O A T C N N U
L X C V V S K I G V W T N I Z Z I T
G A O H W C A D K E N P O C A S D N
R U L E U A Q E W C J N B A U T N N
N I A S L C M E T F O D E L E O A O
S P Y P C I S P T L J T D D E A T S
H J V M A C G I X F N M S M D K S Y
M W A E J E S H E Q P U U E S K U D
H B E R A W K F T F W D M N Z U R P
B I H W G A M M M E P O F F E I P T
X X D E I V R N T C N R R J I E A L
H B G X T S A O C I N V E S V H U E
J G E V Z Q B U C T E J E N J K K Q
F W K F F E S I R P R U S J D C J S
```

AWESOME	DEMONIC	NOSY	SUCK
CARVE	FANATICAL	QUEEN	SURPRISE
COAST	FREE	RULE	TONGUE
DEBONAIR	HEAVY	STANDING	TRAINS
DEEP	LIGHTEN	STOCKING	TUB

Puzzle 53

```
Q F B R K F P C C I V X E A B S Q H
A V P T O F F N O O J O G J G C O R
M F M H P G C O N N R M S H V P N Z
S Q U G C Z C O M M A N D H F J C I
D H D U Y L Q G R F S E M U W D B G
I F D O S G I X D V Q R N A E L C N
M T L R S U H F P M P A D A B X D O
E A E W A E A M S S E N I S U B G R
A V D R L O S T A T U E S Q U E X A
A S C E C Q F S U O R L A V I H C N
F C B V U U A D A S G U M W N F S T
F G D O E B I O U T R A G E O U S O
A I B K P X T J J C M T O O R Z N B
R C A A I U H S W P E R M I T F G B
E W S D B T F R E D U A L P P A D W
A S W Q N H U O E U B U U C N L T W
W Q J V B Q L V K V F Q U P Z T R E
B H W Z A U V K U Z I A N I B U M C
```

APPLAUD	CLEAN	HOP	PASS
AWAKE	COMMAND	IGNORANT	PERMIT
BUSINESS	CORN	MUDDLED	ROOT
CHIVALROUS	DIME	OUTRAGEOUS	STATUESQUE
CLASSY	FAITHFUL	OVERWROUGHT	WEEK

Puzzle 54

```
T U H A L T M Z F T L J X F S S I X
O V U R F I K N P T Z N B S I B Q Q
O B N T A T X V Z R R O M X K P F G
T U I T E T Q C B A Y P X G A M N P
H U A E Q G T X E S E E G R H Z W K
P K L X N P Q Y W F X I T S U O T L
A J P U W P A T C T P Y R K Z H R D
S J X B M K X C V D V A N B R X N C
T V E E G W R I W R H S V Z A B V U
E I J R E V E C S T F D E T E C T V
M F P A R O I V A H E B M U L U E L
V T B N I T Y F F U L F S K C B R V
E T Q T B S A V E P T I N K J U A D
O F W J N D U F X E K E A G N A G I
Q D Y P P A N M T P R F J J A O L P
G E G D O J A R H X B M A S S R U A
C B A T J E F X J R J W C Q Q G V R
G K Z Q L V S F E C H E T I V N I L
```

BEHAVIOR	EXUBERANT	KNIT	RAPID
BOY	FLUFFY	MASS	RATTY
CLEAR	GEESE	NAPPY	SAVE
DETECT	HARSH	PARTY	TOOTHPASTE
EXPLAIN	INVITE	PIG	VULGAR

Puzzle 55

```
X R Q W P J J K U Z K P S S O U X Q
M J P W M D J Z H P C E R R D K R O
C D D J V A R W B G C E E H M U J M
Z I V W D V Q Y D W R R R T Y Q U V
O G E E P T P L K D A B I B C M S V
P I D A R C S R S I A O N B K Z E D
R R C P O N L O C O L O R L D Q X P
I D D C U I E B R N O N E K O R B C
V I R O D C E H I E C T P L C B H M
A C M U Z C T G H H X L L O H E S D
T I U C M U Z I E P C N N I C X N E
E E D R Y S K E Q A G T P K G F O T
V N V X O L G N U F R G B C F F B R
P O A O N K I M L O A H V N B K B E
Q C Z Q M H C A L R C O E J O J I S
M D D M U H T I D C Z F I N X L S E
V C R L F I R E L E X H M P M P H D
A D A X R K A E A L E A V O B B L C
```

BROKEN	DAILY	JADED	RHYME
CHECK	DESERTED	LICK	RIGID
COLOR	DRUM	NEIGHBORLY	SLEET
CONTROL	FIRE	PRIVATE	SNOBBISH
CRIB	FORCE	PROUD	SUCCINCT

Puzzle 56

```
H C P G Q I D B E D I S C R E E T J
D I D R O S A D J O I N I N G L H B
H P I N S T R U M E N T W X U K U H
S P L A W X Q Q M J X W R M E R U P
Z T E N D E N C Y E R E M C R W A M
J M R H A U E F V K V J G L G P U D
S O U L D P R K V E U J O K V G M E
F E L I P U M A L C G Q U I E T J Y
E I W Q X T C C U V N I C U N E A E
I A A P M U N R J R Q R B I K E J E
L U V M O U E Z H E Q E V U F S D D
E S E U W H S B F G I N X Y L I R I
B B S D O U B T D U H E K F P M W W
C K K Q Z C A E A T E C B G N Z J S
C Q A K J P B U R Y A S Q T N I M S
Z R P R O T E C T W F B U M O P P E
P S M O K E B I A H T O O C C C R O
G C W A T D N K E U B K W I D F C M
```

ADJOINING   CURE   OBSCENE   TENDENCY

BELIEF   DISCREET   PROTECT   VACUOUS

BIKE   DOUBT   QUIET   WACKY

BURY   INSTRUMENT   SMOKE   WAVES

CLEVER   MINT   SORDID   WIDE-EYED

Puzzle 57

```
H X I C S S L I P P E R Y C I N H O
M W O F I L E D H V G B C G K U R R
Q N Q C G U T L B W E A B N O L E M
S U U D N Z T V B Z P P X D V R C R
U M Q U A G O D I A P A D A E Z F K
O S S T L S L L T N S A O V R I Z D
I S N H D C A B J O X N M K C I T W
D F I W N E M K E W N E E Q V D A F
I F A K R X X U T E J K Y P I M E Z
S A T C D Y N A M I C K I S S N U K
N W N B W Z M E K T O R G W C I L P
I J U U G G W U G O D U I E B S D U
H M O Z U A S G P P S L X H D I B H
P G M F G T J S U T L X K F E L R E
S K X C N M J G I I D J C G P E I N
G K R O I S P N N W H C V Q A N L L
G S R G Y Z G G W Z V P G S H T V N
V X W V L U G B K M F G O L S Q O O
```

BUMP	DYNAMIC	LYING	SILENT
CAP	FENCE	MOUNTAIN	SLIPPERY
DISGUSTING	FROG	REALIZE	SPOOKY
DISPENSABLE	INSIDIOUS	SHAPE	TIE
DOG	KNOT	SIGNAL	WILLING

Puzzle 58

```
K C H Z M G V T M V F N X W G J G C
I I Z N N W P E H L W E N E S R E V
M T M M X P W R O M G G L K L C Q O
P S C E B O S W X G A T U O V G O S
A I B V L H E U S Q S A N B J T Y L
R L V O L R K Q C I F P R N Y H U G
T P V L Y F I N H E Q V N X C D V Z
I M J G D I O W I A W S P T I I A I
A I D K L O G G I N Z C I C X R J L
L S J F R I N J S N W M R G P X N B
R F S A S E S D P O W O L I M Q M V
G O T B D A N T R Y U I C R T X W F
R S O P M X R D E S B K A B R L K D
F A E P T N L P P N L S A F T I B V
T S J Z R N K L D E I U Q H H A O O
D P K A I C S P I H E N K A S T H I
K U E I I T P C I J X A G O O M F D
N B A P B R A M B U N C T I O U S H
```

AJAR	GLIB	LUDICROUS	SIMPLISTIC
ANNOY	GLISTENING	PICK	STAR
EGGS	IMPARTIAL	PICKLE	TAIL
FEIGNED	ITCHY	POOR	VERSE
FLOWERY	LADYBUG	RAMBUNCTIOUS	WHISTLE

Puzzle 59

```
L T L L B S F K H T S T E A M K T H
C O X H E A J M Q J Z I Q C I O Q I
D R K L L U F T H G I L E D Q S H B
H G E I W W J L A H T E L R W Q G R
P L N A A E W W X X G Q X W V M N Q
U X L I T A S F L A M E V L S C I L
D C A A B U D O H L I K O E A E R R
T A Z V E R R R L H W T I R E Q E R
V Q N K A U O E I C V B S P B V T R
V H X G I E Q S Z N A D B L G H L E
O Y F W E W X S B B K Z P A J S E A
P P T C O R P Z J A V B P X W I W C
V N Z U X S O N F R M P C C H C S H
M O R G D B E U A U A M O G A R O S
U T B X S P G Q S R E I P E T A R S
C I Q A O X R V E P G M G P G H G X
R C W S C F G L Q U F B Q P I F Z H
E M O C N I U L F D Y P E E L S V A
```

ABSORBING	CREATURE	HYPNOTIC	RATE
APPAREL	DANGEROUS	INCOME	SLEEPY
BABIES	DELIGHTFUL	LETHAL	SQUEAL
CARS	DRINK	OPEN	STEAM
CLOSE	FLAME	PREACH	SWELTERING

Puzzle 60

```
D S S H V I X R E F E R P A Q C Z H
N Q H P C S H L Q G Q V E E M L U D
H F A E A E V W U K T H T S A O N E
C B D D G S J G R E O A V L E F I L
Y N E A P R G P O I N T L E S S A B
O P J L T O Z Z T U F C D P N A T U
E W M N M H T A T P V L I N K A S O
C R S U Z P A R T Z O U U Z D T Z R
I Z O X J C O G D V P M Q I A R Z T
G K V N W F U A F R X S I S D S W C
K X C W S C I W O N U Y L E M V O P
G O X O J Z H D M N W P O A W G F L
M P O W B T U E Z L K Y T B O B E Q
N L X L L C D E S I O P P I V G W C
K W E A E U U Q L J O B F F G O L A
P C E U C N H O N L F W O B U H H K
P W A C O O U E X I Z J W V I K T X
Q A M L G R A N D F A T H E R T L S
```

CLUMSY	HORSES	POISED	STAIN
DAD	JUMPY	PREFER	TRAP
ENJOY	LIQUID	PRODUCE	TROUBLED
FORTUNATE	PEDAL	SHADE	UPTIGHT
GRANDFATHER	POINTLESS	SNORE	WEALTH

Puzzle 61

```
M Z P K E S A V L D N X L W C P S W
G T T I F K V B S K Q B R A R T K C
I A H O N I K K A S T C R O C Q F C
B J G U I L N L S N E P U A O W J O
N S I O X I A I S O E M W T N A J C
B V L I K R X A C N H I F M S P N K
I J J D M H A T T K S P I E I W E E
H R L A B C R E N E Y M I A D E V T
N L H P C E R D M E F T B L E I E F
D C R O G I F V H T R C P Z R Q N H
T U U K S G D F O B G E Q V L F U D
X N U Y O M Z E I D I G F V Q M O L
T L I N G C K U G C E X O F B T I T
K D M A G A V O M I I G U F I X B D
F G G M Y L S P O V T E R T P D I I
Z S R S K L J G J D J G N E A J B G
Y Z O O W I H C T A R C S T E N G A
Z I S R E A C T I O N P H X S P Q E
```

ACCOUNT	DEGREE	MANY	SOGGY
ALARM	DIFFERENT	OATMEAL	TOE
CALL	EFFICIENT	REACTION	UNEVEN
CARPENTER	FINICKY	SCRATCH	VASE
CONSIDER	LIGHT	SHEET	WOOZY

Puzzle 62

```
U Q X S Q T E X H J B G C J W O O S
B Z O D V L I T E K E N S U I S M Q
G X B H E S U V Q R K T N I A P F U
R I W S Z I E B S R E H Z U G W U Z
S A U E P X R O B R A H A Q T T Q X
S K Z O E G E C K X O W L B Z V V T
E I T T A T G G Z F N S J F R S I Q
L O Q J C O R E R D Q V Q S E A C V
T Q R O E M A O B A I F S L V K I E
L H B Z F N H W T W C U J K L R T K
I D X T U I C R T C W E H J I U S S
U K G C L S A R Q A I N F H S P E H
G E K R M C H F N W W F G U I S J L
N Q M K E I W T D O G L I B L E A S
V I E W K E I O R G S B S R M T M I
C O O L X N S B G E S O R P R R R F
Q X I X G T F H A T D C E F V E W V
G W T Q X M V E N E R G E T I C T W
```

BOX
BROWN
CHARGE
COOL
ENERGETIC

GRACEFUL
GUILTLESS
HARBOR
MAJESTIC
OMNISCIENT

PAINT
PEACEFUL
PROSE
SILVER
TERRIFIC

TOES
TRACE
UPSET
VIEW
WANTING

Puzzle 63

```
W  I  L  D  E  R  N  E  S  S  R  F  L  W  W  P  E  G
W  O  U  C  E  P  W  H  E  V  I  T  R  U  F  S  D  Z
G  T  I  S  B  S  U  O  I  X  O  N  B  O  N  Y  U  J
C  I  Z  N  C  E  Q  C  R  N  N  R  A  Y  Q  E  C  P
E  K  M  C  L  K  S  I  V  J  F  H  A  L  W  L  A  N
P  V  R  L  R  N  C  T  U  E  G  L  V  A  E  L  T  I
E  K  A  V  R  L  A  A  B  X  R  V  I  B  H  O  E  S
D  G  H  R  U  R  R  M  A  F  R  H  N  G  C  W  D  C
V  R  N  C  B  U  F  O  D  L  I  K  D  U  H  C  T  N
T  G  E  E  B  I  K  R  L  U  O  X  D  Q  J  T  U  L
H  D  P  V  L  W  O  A  O  T  F  Z  V  D  Z  H  N  U
Q  A  K  L  E  L  H  V  C  T  A  L  N  A  S  Z  E  F
T  N  X  B  F  I  A  H  N  E  P  F  E  I  N  K  Q  T
A  F  M  O  O  U  H  H  N  R  O  O  N  X  C  T  U  H
E  U  O  X  D  Z  H  C  C  I  H  U  F  P  X  J  A  G
P  U  V  M  M  T  V  S  A  N  P  C  T  F  D  U  L  I
E  V  K  O  B  Z  J  S  F  G  S  K  I  L  C  T  N  R
R  A  I  G  J  B  T  N  A  S  I  E  B  O  X  I  F  V
```

ACHIEVER	EDUCATED	OBEISANT	SCARF
AROMATIC	FLIGHT	OBNOXIOUS	UNEQUAL
BRAVE	FLUTTERING	PUNISH	WILDERNESS
CHALLENGE	FURTIVE	REPEAT	YARN
COLD	HARM	RIGHTFUL	YELLOW

Puzzle 64

```
D A G G A D A M A N T S P G S T Z A
M T M R I W I N D Y F Y O K G A P X
O R E A R A K E B E Z T X L W P X G
U O R N G T C H H V T S W K W W B H
N U Z D H J S V T I R R V D J Z B C
T B Z I C L E G O T E I L W J M U R
A L U O G A C O M I M H A S E Z R A
I E B S A N G W M S B T C T R H Z M
N L W E B O A X A I L X I E W F C T
O R L I B I N O M U E W T W L T T R
U R L S N T I Y G Q Z K I Z L I P A
S Z R R S C G S T N R C L F E P A V
X V E U B N F A Z I T G O D L L E E
V Q T D L U V E V D I O P F P A U L
B S R V V F W C B N H D G B R T N P
J F A B F S Z A H T D L G V U E Z C
J I U Z G Y I A J I C Z T M P C S N
H B Q P T D D T T T W L X U X C R V
```

ADAMANT	INQUISITIVE	POLITICAL	THIRSTY
CHEW	MAMMOTH	PURPLE	TRAVEL
DYSFUNCTIONAL	MARCH	QUARTER	TREMBLE
EASY	MOUNTAINOUS	RAKE	TROUBLE
GRANDIOSE	PLATE	STEW	WINDY

Puzzle 65

```
K I Z S M U X J N B H D C C A C C Z
E I X A E C T U P K S N E Q Z P N Z
B O N G D T W H P M A T E K N H N B
X L X A I N S S O O B W N I C D W I
E S X K C E O H R U M C D I J I N R
L U A J A N R G F A G A D C A K W O
E E I T L I H L J U R H T I F F V U
B W F F S M Q P E W H E T C X L R G
G O U E W M N J F M E R T T H V F H
A B O R T I V E E Y W J K E V M N Q
U K O P V L T L E Q A L P Q K Q R O
W Q L P E W T B R N X Z B A M R O B
R H N V J Z W U I L G L O S S Y A J
U T E M M T S U O I C I D U J V S M
C L D F E C A L P E R D U V K O B Z
J H V D N E I R F S K I T A E H L C
T N A E A R T H Q U A K E L G J B X
I F C O A T V M N D L Z J B D R N C
```

ABORTIVE	FRIEND	JUDICIOUS	MELT
COAT	GLOSSY	LEVEL	REPLACE
EARTHQUAKE	GROAN	MARKET	ROUGH
EYE	HEAT	MATCH	THOUGHT
FAINT	IMMINENT	MEDICAL	WICKED

Puzzle 66

```
E R S O D E S N M S P I T E F U L X
M P S H E L I G A R F W B S K X E M
Z Q Y D E K A H Y N W A R C S G A L
V O O S D T H U N D E R I N G E G E
R B T J K P L O U G H G C J L E E T
D W O Z L L E V U Q M L R B E T R N
N A R U R Q W D I W A W C W G N P A
A L C G N N S G L P N G V P B N C T
H K V F H D C Q A V X J W T O J S I
D I B I X I L S P X U F U I O W Z S
N Z R J F U T E G V P A T Z S O O E
O V Z A U O B F S R L C F Z M R B H
C V O L R Q U U D S U O V O M K Z G
E M A A J N G F X R E I I Q Z C P U
S Z L E E I K X T M U S A V N A C I
H U Z C W O T S A D S O M J I X X D
D S Q T N F E H E L I N E V U J J E
V F U Z V D S L F M A G E N T A X B
```

BOUNDLESS	GUIDE	PLOUGH	THUNDERING
CANVAS	HESITANT	SCRAWNY	TOYS
DESTRUCTION	JUVENILE	SECOND-HAND	TWIG
EAGER	MAGENTA	SHAME	WALK
FRAGILE	PASTORAL	SPITEFUL	WORK

Puzzle 67

```
H S R L Z I B G M C B E I S C P E V
S K S R M V L J B J T Y Q J U G N P
D S G N B X B U T O T E G N X B E T
M E N B P M I U O V S S Y Q M A R E
U D W T P E N T W B H L O R I Q U D
Q Q I H L G H F L C B F A U L B J E
Q K L L J B R O G G U F R M W P N L
O P D H R F T I O T R V D Q D Q I I
S L A U M O U S U K D T P H T F L V
K N S Q P K N R Z V A T M G K F L E
O H O A P G E C R A C K K F X C E R
W W L O H S R E V I T C U D O R P O
A E H M G X W J C R E M M U S V R N
S C A M E R A C C H I C K E N S F H
H F I F W D D L V O L A T I L E R O
K X N S C A P R I C I O U S K I D C
F I S S E C R E T I V E D Z X K P T
I F F N D A T X D A C G C F I F O B
```

BLOT	DELIVER	INJURE	SUMMER
CAMERA	DESK	PALE	TOOTHBRUSH
CAPRICIOUS	EYES	PRODUCTIVE	VOLATILE
CHICKENS	FARM	PUNY	WASH
CRACK	FUTURE	SECRETIVE	WILD

Puzzle 68

```
D G U L L I B L E S N O A D K I E G
E Z R R B Z X U O B T A I N B V T B
J E D C W C F N I P B S G K R H C G
H R R K W J O C E B D M Q E K J E R
S H A U X I R H P D C S S C C X S A
I X O W T A R J E I E H G O E Z N D
C X B W W D I W C O S T H O Q T I E
Z R Q L D C E W L G N I F M D W J S
I H O U S E S I O R C J I I P D N L
X T X O D M N T S E I R K C G H R U
Z N Q T R T E L S Y M P B D L F Q F
N A M K C U T W D D R O W G W S P K
A G P J T G G N I T A L U C L A C N
A E Z T L W D F G V H T A E B P U A
Z L A G I O C Q N O L V X B L I B H
V E M A T E R I A L I S T I C Q N T
U A Q X P A Y R E T A W B I Z L M E
V U R M L F D U S T Y Q W D F B E G
```

BOARD	ELEGANT	HOUSES	TENSE
CALCULATING	GIFTED	INSECT	THANKFUL
CRAWL	GRADE	MATERIALISTIC	UPBEAT
DOGS	GREY	OBTAIN	WATERY
DUSTY	GULLIBLE	SERVE	WORD

Puzzle 69

```
E P I C G I T E B W V B J S R O X T
N W B Z G E P M F I F I A S E T S W
T V R N K H E Q G A S G S P K U H G
E Z O S U W J E A N S P A B O Z P U
R R A V T I L L R Q B R O U B B U W
E B Y L W T H A G Z G Z G T Z Q T Q
N O L U Z D F D C I J I S T R A P N
A I V P M O C W K I B O J T Z K J E
H K K R G M X F Q M R I C T V U W E
T C U A L Z Y X A R Q O O Y G N V O
L D T Z L N I B V H S N T E C M G Z
B R I D E R E D L I W E B S D L Q R
W J A L C H W W W O L H X V I I E O
A F T E R T H O U G H T N C G H E W
G R A N D M O T H E R H Q U W C O M
C T N E L U C U R T H P C W T C J F
W D M P Q O P O S S I B L E D S M J
C O L L E C T E K B C H Z B D D D A
```

AFTERTHOUGHT   CYCLE   HILL   NUT

AMBIGUOUS   ENTER   HISTORICAL   POSSIBLE

BASKET   FOG   IGNORE   SPOT

BEWILDERED   GRANDMOTHER   JEANS   TRUCULENT

COLLECT   GRAPE   LOW   YUMMY

Puzzle 70

```
X G N I R E D N A W L P M S Q P K A
J Q K E X B U V C T G C O J C W N O
U E W O Z J R T S I X E E P B D I X
F J A F F E O R U E N D K T T U W P
V A T C S L A M O Z O P T R H O R D
J Q S E X K O L K L D A I N U D I L
K D E N P G G O P C L T L K A V X F
W Q R M I J E X R K E Q B E I J K O
B J A S M P E Z N C P N H D L C V S
K I V S D R H S U R C A E Q F P X E
L A U T I R I P S S X T X K O L S K
V D H E P P N Q A T P W W J S O H F
V L N O I S I V I D C A P B A W K G
A E J F Y T R E P O R P R V E P W K
W Z B Q C T G Z Q L I S T E K G T R
Z E R Q T W H O M E L E S S U D Q L
B K G A E K V F Q F U U W Z H G E P
I M G Q E M O S H T O O T M V L K W
```

AHEAD	EXPLODE	PIN	SPIRITUAL
CRUSH	FLOOR	PROPERTY	TALK
DIVIDE	HOMELESS	REST	TOOTHSOME
DIVISION	INK	RUB	TRITE
EXIST	LIST	SPARE	WANDERING

Puzzle 71

```
J F R L R J L H A G A N E V A R C V
V M P E R L V T V P A Q E L B B O W
V W E A I P U O W L M S P D T E I R
S T C R B V A L E M E H O R N V H R
U F T N N I Q C U F O P I A X Z L P
O D O E M V D X P U B L I C J J W C
I R M D B E E E D G H B C P E S N O
R Y P P O L S T N E W U N R U L Y I
O R E E B J V N X T R R F H B M B D
T K C U L R E E M F I M E D T H A R
C D I C A W K M E L O F T N L R V W
I E M A E T I P A U J Q Y Q C Z I I
V Z N P I J L O P A X E G R V H X B
W B R A W N Y L I A K Z A F R N F R
S P Z M I S U E X A X D Z X R I A G
U H C R A Z N V B B P M E S B V S K
E V R V U A S E B G V Z V R D O T E
S O Q Q Q A A D C E O P S L W O F R
```

ACID	CLOTH	HORN	SLOPPY
BAKE	CRAVEN	IDENTIFY	UNRULY
BEE	DEVELOPMENT	LEARNED	VICTORIOUS
BIRTH	FOWL	LIKE	WOBBLE
BRAWNY	GAZE	PUBLIC	WRENCH

Puzzle 72

```
H P O R Q U I C K E S T B F X L L E
L M W Q L S E A H G S E T K X F O N
X T Q D Z S V A D S C B M O C V T O
J M P U P J A F P H O U D E D U R G
S K P S D K H M P U E M X T Z D R E
A C O S D S I S F U I S X P O I E B
I X D T P W O J T A H J I F O S T E
L S C O L D R B L I N D C V X C I O
V N T N A U Q I P N I N D S E O R W
Z T Z S S N V P Q U I L L R K V E Z
T S F P Z J K G S L P H I N T E R P
R Z P K N C O A P A M J I G E R I H
A P K I H Z Z J I C D N O Z S Y Z S
U O F R E S P J F I S D T A I U X X
Q U Q N M S Z K F R Q M S A A N A I
O N U E V O T S Y Y R K E Q R D R J
E T B R U O D N W L A H P C H Z I K
R A Z D D E S O A U O T S W H S Q V
```

ADHESIVE	PEST	QUILL	SCOLD
BLIND	PIES	RAISE	SODA
COMB	PIQUANT	RETIRE	SPIFFY
DISCOVERY	QUARTZ	RUDE	STOVE
LYRICAL	QUICKEST	SAIL	WOEBEGONE

Puzzle 73

```
G Q F I V U T W C U P P W K Q F Q R
S S E L K Y R T I P I B T L A S R A
T C L I D U N A P U R N L J C L E R
E A U B T Q O I G A D P X G A Z C E
J R M R B C U H S S I M C Q M N E M
C C G A S C T I W S E I P U P W I E
C E C R E D S S E L D N I M O V S
I X H Y T M T I F U N C W R R X E K
H N A F U P A F A E G H M I L K U G
L S S E O A N D J C G L O V E D Z Z
J C E C R T D V M U R D B H S F Q I
F G O Q V F I V F T Q I L E N E E Q
F N V C H U N V T S P W D U E G A D
D I Z U G Z G U W A O K U R A V T U
V K E Y O U N G D O O A G O Q T K K
L A S I I G T X E B R A X N H G B L
C T P Q V U E T A S T E F U L J E T
Q S H P J G N P C G N U X U O S G T
```

ACRID	DRIP	OUTSTANDING	SCARCE
AGREE	GLOVE	RARE	STAKING
BOAST	LIBRARY	RECEIVE	TASTEFUL
CAMP	MINDLESS	ROUTE	TRY
CHASE	MISS	SALT	YOUNG

Puzzle 74

```
F T I D N A R D D H A C T F T R T L
U D B T H F D P I E D O P A E M T S
K V J Z P V K I R N A C E S H D I E
W I J V X M J A N X K D C T E N X Q
E L G G U J E R P T F U P S Q B O J
K C K P W H P K D U E P F A E N K F
T N E M Y A P E N M T R O O N U N K
N L R P N Q Z H N U T J N Z W O I L
E X K D U I E P D I G R P A O G B U
O L S U S C S C G T G P C A L E P I
G P E E A L J E S V N T Z B E C A R
R N T C Z Z R P S S E L R A E F G P
T I I I T P N J J B X T P V S Z L K
B E H L M R P R E T T Y G K S X R F
N D B Z L A I H E Q K V A L Z M L U
D G G B P E L C F L G N I O G T U O
A N L K F O T L E B U M I L K Y F G
E C I F F O U E N O H P E L E T W O
```

BITE-SIZED	INTERNAL	OPTIMAL	RESCUE
DEADPAN	JUGGLE	OUTGOING	TELEPHONE
ELECTRIC	KAPUT	PAYMENT	TELLING
FAST	MILKY	PRETTY	TIGER
FEARLESS	OFFICE	RACE	UNKEMPT

Puzzle 75

```
Z O B Q U Z G S O C K L V J X R T D
W D T A Z G O N U T E M P E R Z I J
F K S P D T R D I P I Z N J J P R I
E S U A P A T U T K N U H D O O G N
Z F L X Z M O P E R L C S J P O O T
D L P U I U D F K S A U M D E O P E
E A K M F S T G X Z O P H F G E I L
V M J P M I I K T W W M F K N A C L
E E A D Q N J K Y B P S E Z A I D I
I N Z I T G E V T X K T M R R T E G
L T N Z W Y F I I Z E R P E O H T E
E A I S E L D S V L E A B D X Z C N
R B W K Q J D S I P C C A N K O A T
R L U N G Q Q R T M U M E O Q C R W
U E Z V U B F Z C A T V C W T E T P
F I T U G R N B A R T B U A F T S V
B U Z F E J K G Q T E A L B W A B P
P W X V F G R V D C L V C F V L A F
```

ABSTRACTED   GRUESOME   LATE   RELIEVED
ACTIVITY   HULKING   LETTUCE   SOCK
AMUSING   INTELLIGENT   ORANGE   TEMPER
CART   KEY   PART   TRAMP
GOOD   LAMENTABLE   PAUSE   WONDER

Puzzle 76

```
X J N M R G O N G G E S N U G F Q I
X I H C X J W C J F B S E T D I H Z
T E E S N O E T R J V X N J F B M C
A G T S M L C O R R E C T I G I J F
S H A U J W E L O F E I H C R M G S
D V T O P D E M K T M A U U Q Q N U
Q N N I G N R G I J P A X H K K I B
K D E C I A Z A E R D Z T O F C D S
L J C I G P F C O O P A C P K C I T
U H O L J M X E O B L W M E B G B A
H B N A Q I K L E I A Q P T L G A N
O T N M M Q F K F L N R E A C H J C
G Q I B U F C Z V R E D O L L G F E
Q Q J I O U L G M K S B U R T O I C
A U R Z R M F P R O B A B L E A X Q
U K Q T J G O U T W G U X E O N I H
Y Z D W W P S M F D N E R C X W E I
D I U G N A L H O G N W F E M R F L
```

ABIDING	END	LANGUID	QUIRKY
ABOARD	FLOOD	MALICIOUS	REACH
CHIEF	GUN	MIX	RINSE
CORRECT	HOPE	PLANES	SUBSTANCE
EGGNOG	INNOCENT	PROBABLE	TRUCK

Puzzle 77

```
I I F C I D O I R E P S J R N C D R
I M X U V R N S R W N Z H H I E J R
L L A B Y E L L O V T W Q A C L B O
P W H U T H G I E A I K I O N A I E
W P X F V F O Q L A C F T W Y D Z U
F V H G I E W E K A T P Q F T V Y C
H S I F A O N N B K P X T J L Z J S
Z V S N F T T N X K F M O K U P Q M
F D A G E L J A W S O S M X A F I E
X P A D G J A K Z L Z H N E F Q I T
H U E Q A F I U I M R S U O I R U C
R B Q P I R T O T I P K U W P Z U M
S E K C O M P E T I T I O N G K H N
L L K I P S Z X F P B L P M W U J C
I G C N D I J N X D E A A I N I G M
M B F O O L E K P J D E H S G T X G
D T K N U R D B L N G O E B J S Z R
R W A H P H B Q T Y T S E T J L L L
```

BACK	FAULTY	ODD	TALENTED
COMPETITION	FOOL	PERIODIC	TESTY
CURIOUS	HABITUAL	PIGS	TRIP
DRUNK	HANDY	SLIM	VOLLEYBALL
EIGHT	OAFISH	SPOIL	WEIGH

Puzzle 78

```
R U N L K J D Z J D C D J A M I T Z
R J Z X A G S D K I T J T W P O Q C
I N T E R R U P T F X P J T C N S D
R Q I O Q S C A R Y T H H Q F I V Y
A C F M U U U W A V T S S A R G R L
O H B J A F E J K E L O H W P Q D R
T E V N F E I R B C O E L B B B U B A
A R W P Q T I R E S O M E T R K Q E
D R H E F Z R A N O S A E R X F X G
D Y C D A O K G X L K J C H X M W R
R X A I R T U F N Q M D R A V L E K
V D T E X U H R T I P H A G D K X W
C N T P G J S E B R R P H O G X A W
E E A J L E U B R X C E U P R J I V
W T S N F U P M A X A G V A N B E Z
D E N M P K X X N P R K C X I W S I O
C R W S O D E M J D E L I I H O M J
M P K Q N M Q G E A H Q N P Z S C X
```

ABSURD	CAKE	INTERRUPT	SHIVERING
ATTACH	CHERRY	JUMP	TIRESOME
BRIEF	EARLY	PRETEND	WAX
BROAD	FOUR	REASON	WEATHER
BUBBLE	GRASS	SCARY	WHOLE

Puzzle 79

```
T N U T T N A I R U X U L A T O K Z
P R H M S N X A M J Z E E M H L T V
E T A C E R M Q R D B N A K L D E D
N N S I U W H V S P Q I E E F J Q P
C O A T L O E G U S G L P P O G R U
I I L M A D T L Z D E S W I E I J H
L T X W U R D I B J W L N C C T X S
B C I D M S E F S A S H N E A W S I
U E B W B E E U O J T M E O E G M N
G R Z L L C S D D F F P F T I V R A
P I S S F V N P E V K B E H V T N V
C D L A O Q M G H T I M Z C A C O F
S U I L E P X G S V V B J X C O Z M
Q R D O E L I F U U M K B Z T A W V
D Q H O Z K T H H A K I V W O W O N
Z S Q L E W H B W B J E L Q R J X T
I M R C W Z M O T H E R B X U L T X
I R Q R Q H O U L A H W A T C N Q L
```

ACCEPTABLE	HUSHED	PENCIL	STEP
ACTOR	LINE	PRICE	TOUCH
AMUSED	LUXURIANT	SHOE	TRAIL
DIRECTION	MOTHER	SPELL	VANISH
FILE	MOTIONLESS	STARE	WHIP

Puzzle 80

```
T S R F S Q I C G N I Y F S I T A S
H U O U J H Q W N H G V B H C U A M
Q O O N T C L B M A R L P I F B D W
P I M N W F Z A R K A I C D P T M O
D N O I I I J I U U L X H R W I S L
H O M D E A P N H T E M B C B I S D
X M U S C E R E S Q E E Y X Z P R F
G R G R I I R D Q P A P W L A C R A
V A S E D Z O H F U L A R F R D I S
J H S D O P E I T F C E Q E I U U H
Z V E I L E D I I A S S N S P D C I
H V S P E R F H E M Q S U D E L F O
S K S S M U G G E Z O O V S I B Z N
I A O D L H G S O F M K U S C D Z E
O Q P D C Q S X Q O A F K E M D H D
C Q P A E Y W V N Q N A B G H M I D
Q S O L H E H E E O O K W H N M G O
H C V C V D V R C K I C I T O I D I
```

BEAUTIFUL	HARMONIOUS	MOOR	SPIDERS
COACH	IDIOTIC	OLD-FASHIONED	SPLENDID
CONFUSED	LIP	PERPETUAL	THREE
CURLY	MELODIC	POSSESS	VENOMOUS
DRAIN	MESSY	SATISFYING	WIPE

Puzzle 81

```
S Q W D V V L W C B N H S D G Q J O
E O E G E T A F Q V G F B H W G N T
K P T C Z C R V V J N F Q E O M K S
V O N T Z E G C R E Z A U S U C J U
K S Z L E J E S S W R A L G B U K Z
F I L C S B U A B D N U O R G W M Z
E T R J P A E U Q U Z W U N P D M R
R I E F I T Y C I D W T L N O R A N
S O V X L K C M B V O R R E O I V Y
U N O C L S A J G P L X H F L G N A
G V C I G G D W I M T D A W Z X J R
A U D O I M O A X K R D U P D V R P
R S J C U M N I A K C R N L J H M F
D W A W R E T C H E D V T T K O B Q
L L Z P T L O E L D D U M R F D G O
D U K M M L D P D U M V J A R V Q X
C C K F I M G Q M L W F E T W H P L
N R E B M O S B Z P F E D S X M N Z
```

ABJECT	ICY	PRAY	START
COVER	LARGE	RAIL	SUGAR
FORM	MAGICAL	SHOCK	TEASE
GROUND	MUDDLE	SOMBER	UTOPIAN
HAUNT	POSITION	SPILL	WRETCHED

Puzzle 82

```
Z E E P I A B P C P K Y B B A R C Z
O P D N J S U O R U T N E V D A S O
P S H D P F E I Z M E A S U R E T S
E O S O O M J Q P S Y C H O T I C C
K M C I B C U C M A P I C T U R E R
D B I B U O V E C P U S H Y E B X A
Z H N U B W Y X O N D P E R M L U P
L Y T B N A E C O N E U R K C V D E
S S I E K R L H E V T S D R A N S B
G T L H W D L A G G S R D U A M W N
Q E L A U L E N Q Z U G B P H F K M
M R A V N Y Z G X E G V X A C B N J
C I T E V K I E R E S E A T E H L C
I C I I F A C R D V I H A I S L H J
B A N W H T S Q R D D H L C K S Z Q
K L G Y E C I R P N J Q R A N C I I
F G J C T P B R O T H E R T I T N U
I I S K R D N A L H F T M Y T S E Z
```

ADVENTUROUS	DISGUSTED	MEASURE	SCINTILLATING
BEHAVE	EXCHANGE	PICTURE	SCRAPE
BROTHER	EXPAND	PRICEY	TACIT
COWARDLY	HYSTERICAL	PSYCHOTIC	YELL
CRABBY	LAND	PUSHY	ZESTY

Puzzle 83

```
N M J Q N N P L N M H P S V G V T P
O B L V T Z Z L F B Z K Q P S Q I V
I G N G P E P D M A A O F J F J T S
T W M E C O N O M I C S J C K A L B
C G M I K Z C B W T I R O N D V E E
E P W E Z R A K C C P T C I M D S L
L O A P R N E D M S H C I A Q E G L
E W Y A W E C Z A X H D T T U V Q I
S E O S I B L V Z T T T S N T E S G
K R D T K B M S O E N Z U O A L I E
A F T E B O I S B W M L O C E O X R
B U E I U K S E W V Z V C B N P V E
P L A A P L N N U E N Q A X O P O N
Q C M E P G H Z M W A F S D R P T T
R W W G G H T P O E E T E W G R G P
L R A I L W A Y G M L Q E C C T H I
C L C X H E N L A M I N A R H L R C
S Z U B O B X I A O T U G B X H Z W
```

ACOUSTIC	DEVELOP	OWN	SWEATER
ANIMAL	ECONOMIC	PASTE	TEAM
BAIT	IRON	POWERFUL	TITLE
BELLIGERENT	MERE	RAILWAY	TUG
CONTAIN	NEAT	SELECTION	WAY

Puzzle 84

```
J D H C E Z L D F G U O E C L T U Z
S E C E S L X Q M F S K L F A W E O
E M C X L A D V O F Z N T J I O U O
T O B P R Y K C I N A P T P C R M M
B O P A T S U E X J F V O F I C E H
N R J N B C G V T R G U B E F E S W
N G D S H Z X N E F V G Z D R R K O
J L L I Q C P V I O V X R G E A C R
N L O O L A I B I V A L A D P C U T
B E F N V U Q A M G I N Z H U S D H
K W F T Q W H T B L M R S B S C D L
D S S I S R J B J X A N D W F M O E
O I A C M S T R A N G E O X E S M S
P F G K D F N E D J R G R B Q R K S
H N E L C S R Q O C A W Z B Q B X V
D S K E M E T I H W D N A K C A L B
P I O A D Q N M L I V E L Y P P M A
R O Y R E L B A K N I H T G L C L X
```

ANSWER	EXPANSION	QUIVER	TICKLE
BLACK-AND-WHITE	FOLD	SCARECROW	WELL-GROOMED
BOTTLE	JOIN	STRANGE	WORTHLESS
DRIVING	LIVELY	SUPERFICIAL	YOKE
DUCKS	PANICKY	THINKABLE	ZOOM

Puzzle 85

```
K V T F I A R I C K Y W E H W J J H
R P W C I O O Q S G I L W B D E B R
U U Z Z V U N E H D B T Z C M O C Y
V E O E W K O R R B N Q S E K U D N
D P N H M O G L I E F X U Z S O A I
P O E D F J P R M C T E W J I X W T
D W F R A G C E V L U F E K A W W A
E T K A U S E O S M I N I S T E R U
G S V I V R E M E M B E R R A N G L
F C A B G C F M C N V K T S E B Q E
N R Q A U X D N U O R G Y A L P R R
P U K T S Q U K E M C Q A W S H B U
M B E Z V Q M U R D E R W R Q V X T
Q A J O F E M B A R R A S S E D A C
R L V X J V D I G E S T I O N B L N
F G L M Z T X T B M I Z E D I Z V U
H J H E C M A R G O R P H C F A X P
P P M T S D R E A R Y B X P A W G V
```

AGREEMENT	EMBARRASSED	OVEN	SCRIBBLE
BEST	HOUR	PLAYGROUND	SCRUB
CUTE	ICKY	PROGRAM	TINY
DIGESTION	MINISTER	PUNCTURE	WAKEFUL
DREARY	MURDER	REMEMBER	WET

Puzzle 86

```
N R J S W E K D G D Z I V D E W N H
D V N T S U A C N W R N Q E B O R U
S L R E W I E R A A N D B R I P Y Q
I T V M L A S I I N W P F T N L C R
L N O S L S T M R T Z I C F S F S O
K S A P K I S O V E H A W A P G E A
Z I C P N F C E W R M E Q C Q U S
L L S G R P Q B L T C M E M F E G T
A H E Q O A D X T E Q X Z T G D R E
B W I P F N H A D X C C T C I O A D
E I T N Q A L S S B J I P Z M C G J
L X Q I T M E J A A V L O R O M I X
R J Z L L C S M C N E A V V O L D Z
P I N F I D Q B K P F I T H N T D N
V N C J U A J Z Z U T H Z C E L Y V
D V E Z Q V J G P A U E R A P E R P
X T P G K P A H H G N I M R A H C O
B T L A N N M N H I F A S T E N T W
```

ARGUE	GIDDY	PREPARE	SHARP
ARITHMETIC	LABEL	QUILT	STEM
ATTRACTION	MEASLY	RED	STOP
CHARMING	MOON	ROASTED	VOICELESS
FASTEN	POPCORN	SACK	WAITING

Puzzle 87

```
Z K U O X E V N A L C S T R U Y L F
W K C Z C T W B G C H H T W O R G J
L A O O N O F J N D R S M P W X O M
Z R A Q N P O O U T Z J X F Z A Z A
W F X G G K Y B L E D A N E A S D J
E Q E C A D U E F M M J S H J A Z K
R Z V O I R S H R I Q O B L U L D A
G V T T C J R F A T H S K G X V M Z
S A I S Q H T O F V U K H I Z E M C
G B N N G F R L G O G T V Z E D I O
N L U F D M B E I A E I X R K U L T
I V Y E G A X R T R N Z P L Y Z K C
H A A H C X T U A T T T W V E I N A
T D R Q L S P E O P I B M C N R O R
M D T F U B L V V H B B I Z O E W T
T R Z D A O D A O T M J O S H G N T
M B N I L Q J E T A R U C C A E T A
Q I H A S P D N X D N P S W O O T W
```

ACCURATE	DEAD	INDUSTRIOUS	TIDY
ARROGANT	FAR-FLUNG	KNOCK	TIME
ATTRACT	FLY	KNOWN	TOAD
BITTER	GROWTH	POT	TRAY
DAUGHTER	HONEY	THINGS	UNIT

Puzzle 88

```
S L B O N L U F I C R E M E K V K O
H O O T K I D X D R I Q K F O C I V
B Q F H F Z O D L T W I A S N T U N
Z G B F S I E S E S L M F M O W N D
H Z J X N T T V Z R I S S D I S F F
G Z J R A W I J A L T V F F T X Y F
N I V E A S Q W I D A C B B S H O W
A U F M S E S A O B H C A T E S T G
Q E E A K L R U W T O I U F G U K D
D A M O L D W J O M A T H A G O I F
H U P N C R B A P Y F W Q D U L T V
U O G D O S R L U Q O I S G S A A G
O E C Y X H A G B Y W J P P O E N O
F W A M B I Q U X K R L X R N J V M
D L G V N E I B T Q M O H R E M J A
D V T E R R I T O R Y T T F N E M Y
U N A U S E A T I N G T P S S G D I
W Z B K U W A E E F P U Z K O F Q I
```

COMPLAIN	JEALOUS	NAUSEATING	TERRITORY
DEFEATED	JOYOUS	POKE	THROAT
DUCK	MASSIVE	ROYAL	TOY
FACT	MEN	STORY	WARLIKE
FAMILIAR	MERCIFUL	SUGGESTION	YAM

Puzzle 89

```
E Z A E T E L P M O C R B D K N G U
G I T Z E R L I H P B W R C U W Z N
A L N T I P P S P R C X H E J N A A
I W A M W M I X T C W K A X V U K C
R J D R H O V S U X N R Z D G O S C
R I N O E B I L M A N F A C T E O O
A R U F E N J J U V A A M O U N T U
C Q B R L P T W K D D P F F C L J N
G P A E F H R V I R L N I I A K L T
W I Z P G A H E L N H A E F Z M A A
X Z M I G L A R P A K I U T V L E B
U C E A B E G I A M C V A S N M P L
K W U D H R Z H D X U I B N U I J E
C P X R V T T F T P P P S U D N G X
A X K D U S P W T E I R Q M D C U V
P A Q E W T A C K Y F K M U I W Q K
I V A E G D U J O J S G J R V H C X
B P R G P S K I L L F U L Z U C W O
```

ABUNDANT	EARN	PUMP	UNUSUAL
ALERT	INTEND	SIP	WEIGHT
AMOUNT	JUDGE	SKILLFUL	WHEEL
CARRIAGE	PACK	TACKY	WHIMSICAL
COMPLETE	PERFORM	UNACCOUNTABLE	WINK

Puzzle 90

```
P C M C P T R E M E N D O U S R B M
F Z X V B E S U W A C C J N S S G H
C L O S E D D G U S W J Q S I G N J
M K R X M L N M E E T I N G A W W L
N F U K M R N J F R C Y P R S R Q U
S U R R O U N D F U W W F T Z K L F
F B Q U H Q U S D Z U W N O I K W R
T W F P R S J U I T G K E S O H R A
L O F I E W I N T E R E C M G G Z E
T G G L N T O J D T H V E V M B A T
Q E V O M E R P A T D Z S H G N I R
T I V A C R O H O M X W S Z N G S G
C G P J W V T O I S K I A M A X U C
M V D I B U M Z W A W L R H R V O S
B R X E E S K S J S T X Y Z M P I P
N J A D U F N S S E L H T U R J X R
T G E W J W N E L B M U T G X L O K
E P O W D E R H S C S C D R S O N N
```

CLOSED	PET	RUTHLESS	TREMENDOUS
GOOFY	PIE	SIGN	TUMBLE
MEETING	POWDER	SMOOTH	WARM
NECESSARY	REMOVE	SURROUND	WINTER
NOXIOUS	RING	TEARFUL	WISH

Puzzle 91

```
V C I U C J E T E P M O C A T I V T
R C A T W A H S W Q H E L P J C K G
Q D D G V G R H Z J E R C F Z I N L
H M T E E F C R A A K S D Z U T W T
E D N B I Y O I R R U L U J Z A H N
L E A E Q E G L H G P U G K W M P E
B R W R J P G L R U S S S C M A T S
A E N R B D F D N M J N J J C R R E
E T P Y T F E G U E L N S H I D W R
G S S C W S V T T N R Q G S V F A P
N I U T X G D E S T U A B D S F D X
A O O L A I R G F E Q G L T C P D K
H L R P E S S F E J T L I N I X I P
C C A R R U T Z N U Z C D G W C C Q
Q B B F V M E Y F A K X Q O K H T B
U E R M C U O N W S I T D V C H E N
I K A J D U N A D V I S E D P X D F
P X B F H D E T R O S S A Z H P P S
```

ADDICTED	CAGEY	HELP	TASTY
ARGUMENT	CHANGEABLE	PRESENT	TESTED
ASSORTED	CLOISTERED	SHRILL	UNADVISED
BARBAROUS	COMPETE	SQUEEZE	USE
BERRY	DRAMATIC	STICKS	WANT

Puzzle 92

```
I Z M T B C B C W R U H S D N M B D
I P A Z P V W A E T C G D I P Z R P
Q P T X U E U V X B I U E F A H B I
Z A H K W T Z L I O L S A F J A O E
Y S U Q X A W T R A E O F I S T U D
K S F Z A G C A C D G R E C F E T G
C G P D T D N K R V C E N U U F W L
U J S B G G I A K G L F I L A U I L
L Q U T E N E K O Q S D N T S L D A
M W W S G P P G B U C L G E H J J S
E H M V P N F G X J U T A Q A D O G
Q E Q A E O F U L U M Z G K M T Z H
T O E P E W Y L N E V A E H E N J M
D E P E N D E N T A V Z P N D I B U
H S A L F U D X T P B V M V F A T U
Z Z R P A D D L E D W L R P B U A I
X F B L O W M Z G O H I E A L Q B H
K G R Z W H T I N A S S X L Z G T U
```

APPEAR	DIFFICULT	LACKING	PAT
ASHAMED	FLASH	LAKE	QUAINT
BLOW	GATE	LUCKY	SORE
DEAFENING	HATEFUL	ORANGES	TIN
DEPENDENT	HEAVENLY	PADDLE	UNABLE

Puzzle 93

```
G N O I T A T S H I K P S F Z D E H
X D F A L S T E X C M C T B B T A T
F F M U U P E C C P T H I P B C N N
M Z T B C U V A V L E A B R Z J E O
Q R I J K O B L X R R P N C B H E M
Q M A P A U X L A R E U W S S K N O
S X W O W S J P N V M B E B C S V G
S L I H U P E Z R T M J T C A F O Z
S U L C V U L A F A A B F G N L M E
U S O U T R L A V B H V G O D Y A H
P S X I H G B I X S H D G I A R R U
P N C E X A C J H E B D S W L G R D
O T K E E N A H O N S N E P O N I H
S B F P Z J A F M T C P K U U A E Z
E S N Q L I A T E D O N H U S B D G
H M Z L F H Q U H M O A N B F K I U
W R Q I U X H J W M O O R H C N U L
E L U N E Q U A L E D Z A O P J I J
```

ABAFT	CHOP	MARRIED	STATION
ABSENT	DETAIL	MOAN	SUPPOSE
ANGRY	HAMMER	MONTH	THERAPEUTIC
ANXIOUS	LACE	SCANDALOUS	UNEQUALED
BRICK	LUNCHROOM	SNATCH	WAIT

Puzzle 94

```
G M C E D Z K H D C W T Z K M J F K
N B A R E J D G S T U F F G G F P A
I R P M K L T T N Z N W T D I I W Q
T J R L N U S C A R E S V W T N O S
A U S R O F R C D A O R I A A G R K
T S X O Z M F I H A S J M D V E C Q
I D A D A P T A B L E G U E W R O V
R R E B O R N H W G Q A A K C T H C
R R C E F A L S E N L J W O N A J B
I Z P E M N A X O M O Q Q O C R Z O
U Z Z P W W R S F D N P D R H Q G W
T I E T D E S D P E G L P C D N F C
K P R L L E P R C E N O R H T J N E
A P P A L H M D E V O R P P A S I D
Z Y X W M A S U O I C I P S U A B O
H Q A U L W W H C A Z B O M Q H B R
M L F P M W Y L P P U S G G K X H J
F V A L U A B L E M G E L R C Z Z M
```

ADAPTABLE	FALSE	RELAX	SUPPLY
AUSPICIOUS	FINGER	ROAD	THRONE
CROOKED	FLAWLESS	ROB	VALUABLE
CROW	IRRITATING	SCARE	ZIPPY
DISAPPROVE	LONG	STUFF	ZONKED

Puzzle 95

```
V V B I I B F S S K D P G T M D G D
N E S E B O H S Q E V E O R W T H V
R L Q T O A A F D U B Q F I W N J H
E O C E K M T Q Y A D O J D B K M O
F A E Y D L N R W P W T P O O O K W
L O W O D E R O B O E U S N O M M G
E N O S R E P L T N T E D J K W N G
C V I R S T A W H O H H R V S A W N
T A N V D O Z R O G F R Z C E F I I
I G N E N H Q S M N A U N C M M Q L
V A A E A R X K U Y D M O P A E H B
E I T P H P J G E Q N E A H T P X M
E C E Q N I N H C V P L R Z J L O U
E C D U F N G T R E A T D F I J V F
P A G N I D A E R Q J X R X U N V V
T B X G S U N H E A L T H Y I L G M
U B D E R K A V G D T X N O A J V Q
X G S D N A S K C I U Q U O C P R A
```

AMAZING	DIRT	OCEAN	SHAKY
ARMY	FUMBLING	PERSON	TOW
BOOKS	HANDS	QUICKSAND	TREAT
BORED	INNATE	READING	UNHEALTHY
CREEPY	OBESE	REFLECTIVE	WONDERFUL

Puzzle 96

```
T E K B F O G P C S U T A R A P P A
S X C U X N C M E H N R X H Z I W M
A I C S O A K E A C V B E V X O M H
V K Z S S X R N G L K U V T C X R P
R T I B C C D B A V C L W R S V R O
G V A C E S W M T T D O A K M I M M
G N I O O C G X H O J S S O W W M A
L H J M H N Z E E R H A U F C I M L
X D E O I O X A R P T B U K Z A T O
C E X G B V X K U I N E P P A H C A
M M N Z V E C Q S D J R A C I B X R
Z O V C Z B Y F W F A X B R D F W R
L S G I B I Y Z K U N T I D Y L P I
D G N E V M D W C H O K E P I F L V
Q E O A P P R O V E J S A F K L P E
M A L C V L X K H A S A E U S E T N
E P K C H L O S J D J B P N M O L Q
U H M O H I T G T B O R W U C G T J
```

APPARATUS	COOING	LONGING	SKI
APPROVE	CRASH	MIST	SONG
ARRIVE	GATHER	OBEY	TORPID
CHOKE	HANDSOME	PECK	UNTIDY
CLAM	HAPPEN	SATISFY	VAST

Puzzle 97

```
I  I  T  N  A  D  R  E  V  W  H  Z  L  F  Z  Y  M  S
Y  W  K  H  X  X  D  Z  L  N  T  Q  L  M  A  L  G  D
P  A  H  N  K  I  P  J  L  Y  E  R  B  D  K  W  K  H
O  V  M  U  B  D  N  I  I  G  O  D  F  X  D  O  U  C
C  B  V  M  J  I  J  I  X  P  R  U  D  G  S  L  P  U
U  R  D  B  F  R  E  D  R  O  B  B  T  D  L  R  P  Z
H  X  H  E  B  P  R  D  O  P  A  I  L  H  O  I  J  D
L  K  W  R  E  T  S  W  C  V  U  J  N  V  F  B  M  B
G  M  K  U  L  Q  P  F  K  Z  V  H  I  E  P  U  D  O
S  A  K  S  L  E  L  G  K  G  A  D  W  L  N  L  L  G
T  D  P  E  B  F  S  F  U  C  E  G  E  E  N  I  D  E
P  Z  I  L  N  H  I  V  G  D  D  A  L  F  B  W  L  H
J  I  F  B  A  A  X  X  G  U  S  U  P  E  U  H  R  J
G  I  V  K  A  P  L  C  J  A  T  G  A  E  D  S  N  G
E  O  E  A  O  R  U  P  N  U  R  D  G  V  U  X  H  S
N  N  U  K  P  C  X  T  S  F  A  X  E  K  J  D  I  W
T  N  T  Z  M  S  T  I  C  K  P  Z  K  L  P  E  N  N
G  S  N  A  P  A  N  M  G  G  I  V  P  L  A  N  T  I
```

BEAD	LINEN	PLANE	SHAKE
BELL	LOWLY	PLANT	STICK
BORDER	NUMBER	PLEASANT	STRAP
COPY	PAIL	PROVIDE	VERDANT
FIX	PAN	RABID	YOUTHFUL

Puzzle 98

```
R O T C O D V P L W D O O B L D D J
T R A T H I N C R E D I B L E G K I
J P K T N K T S A M T R E E D B N O
S U R R X J U T L U L S S E X O L D
P T D O I U B I W N L T J O T K M N
H T W B J R V C G G I O T V K A S E
Q A H S F E B K L Z N M V Q E P B F
H T B E P N I Y C M I A U K L A O F
T I M R N Z E Q Q W H C O N B T Z O
U H D V N W H N R T B H P K M H I D
O O N E F E O A X E A K X K D E C E
M M E M V C Q B R J L O R A K T V J
B C M O C L R H L R G E L K J I D D
V H J F H N U N E E A J A F J C R S
G I L E D A A G S S N D S V W E F
E Z R J P G A H N L N Q G F E F B S
M U N D A N E P X Q W C P E X D C H
A E L O S H O W W J T C G F H G B S
```

APATHETIC	FLOAT	MOUTH	SHOW
ARRANGE	ILL	MUNDANE	STICKY
DOCTOR	INCREDIBLE	OBSERVE	STOMACH
ELBOW	LIVE	OFFEND	TART
FEW	MEND	RELEASE	TREE

Puzzle 99

```
F W E V I T P E C E R O D N G L E L
Q G H W U B N J Q O K R X N W A H J
S O F A Q V A B N D U T I C G O I Z
L W N S N X O E N R H L Q U L N G W
C A O R Q G N P A N E Q C Q C B J S
N P I X P U V L G E E T W R D P D U
X B S S Y E W T F S J R S D O S D O
P E Y A A H O S I N E H E F U W B I
C K C C E T Q C R N O P Y N D T N C
Z I I U A A R Q K E I E K S A T Z A
P M K B Q E Z S S R B N N I A H J R
K F K E X R S Q P S O K N F D E O O
H R N E J B P S W W T A F G K V R V
X J B O V J B J N B B B J Q F L J G
T W W M D O A T K L S Q M I M N J O
O M N B E X L S E O I Z S L L A T B
G H U N T N L J S Z P M V Z X Z W H
A F V J W H W S H A L L O W D X A K
```

BALL	GREASY	PICAYUNE	SHOES
BREATHE	HANG	RECEPTIVE	TALL
CROWN	HUNT	RIPE	UNKNOWN
EXERCISE	NOISY	RURAL	VORACIOUS
FEELING	OBTAINABLE	SHALLOW	WREN

Puzzle 100

```
A X G R Y W V J B G U K N R A D J G
S T W E T A Z G W R A A A Z X F Q T
L K B P T N J B E E G P A M B Z F X
A L Q P O O I E O E I R S O I W P G
Q X Z I N F T T S D G K U S F A R D
Z U V Z K C L O K Y N L C U E I E F
I D J F A L I N F W I V C O B M C I
B X T T P J O P L L T S E L I P I F
L A I C I F E N E B A O E U C O O X
K P J X R H I R K A L H D B I S U F
A M U S E M E N T O U O J E T S S I
D E P O D P H E G Q M R R N E I G A
A K W G D B W E I E I Z Q N H B V C
A A L E A N A E N P T D K G T L U T
N S A A Z U O A N I S S A A A E D B
S V F V H X R O W H F X C L P T K J
Q J E B J C B Q D W O L L O H R T U
Y T L A S D I N O S A U R S U I I U
```

ACT	FINE	KNOTTY	PRECIOUS
AMUSEMENT	GREEDY	NEBULOUS	SALTY
BENEFICIAL	HALF	NOTE	STIMULATING
CHALK	HOLLOW	OIL	SUCCEED
DINOSAURS	IMPOSSIBLE	PATHETIC	ZIPPER

SOLUTIONS

Puzzle 1

AIRPLANE	DROP	HOLISTIC	PERFECT
ANNOUNCE	ENCOURAGE	IMMENSE	QUICK
ARCH	EXPECT	KNOWLEDGEABLE	SAD
BOLT	FLAT	NEEDLE	TEENY-TINY
CATS	GABBY	NEST	YAK

Puzzle 2

ADORABLE	DISLIKE	OBJECT	STEADY
ASPIRING	FILTHY	OVERRATED	TASTELESS
CHICKEN	FIVE	PREMIUM	TOWN
DECOROUS	MUSHY	SINCERE	TRUTHFUL
DERANGED	NORMAL	SOUR	UNARMED

Puzzle 3

CAT	NAIL	SPOTTED	UNDRESS
COMMITTEE	NORTH	SPRING	UNPACK
GUTTURAL	NOTICE	SUSPEND	VISITOR
ILLEGAL	REMIND	TERRIBLE	VIVACIOUS
MIND	SEARCH	TIP	WORRY

Puzzle 4

AMBITIOUS	EVENT	INTERESTING	PLEASURE
BLUSHING	EXTEND	INTRODUCE	SMELL
CACTUS	FRAIL	KITTENS	SQUEAMISH
CHUNKY	GROTESQUE	MARK	WHIRL
COUNTRY	GUITAR	PANORAMIC	WRIGGLE

Puzzle 5

```
P L A I N V G N K N D R H N R K P W
B K U B F G G V R F F Z I J C U X M
J K J L A N B C F G B A G O L G W W
U Z E W D I O G E G X K R S P Z P R
L T D G E K R X R R M B Z Z A U P B
M U X N D A I C T K O C K G R P G
E C G I B E N D I L V B M V D E D K
K I Q S Z R G N L R I L N T B V I G
G Y J S U B D G E J A T L S T A W T
B M E I L T G N Z P M F A E T S P F
H A N H D R L I D E M C K G S I H I
A O R T N A G L F B T S B G N V G H
R F J H W E X Z B P Q V E U B E S S
I E J I K H G Z U E B B J S L C G E
L O F N N X C A H E L P F U L F U K
O J D F C W Z D F U C L C I G A M A
R G P H O O X G F W L V M P U P W M
Y L E N O L D P M A J X S Q B L T B
```

BAG	FADED	HELPFUL	MOM
BORE	FERTILE	HISSING	OFFER
BORING	FOAMY	LONELY	PLAIN
DAZZLING	GRAB	MAGIC	ROCK
EVASIVE	HEARTBREAKING	MAKESHIFT	SUGGEST

Puzzle 6

```
I S B W S I B P W B K P P V D B L M
B F Q I V P R U S H C U R Q S K N S
I N M H S B D O N U R Q G O E W Q
Z U V T M S M H M T F Y M R F S O G
P N K V S E B X O C L I Q X C C Q Q
G W F Z L L G A O D N M K S P J E Z
I Z T R T E L H O U A C U L D Y O P
A G N P C R F G T D H N U P E E B T
N K E H U A O E D F X R K A B B W
T W C N G C H E R A V I N E G A F T
I U I X Q P N R S L W O V X D Q C C
U T F R Z I I T T A D D R C R Z O E
X P I L N E E Q P O H S U U L E N L
H B N G S N G U U L L L N S F P C F
U F G Q X X C A R D G L B E Q H E E
K G A E Q R O C B Q A S E S U Y R R
J B M X J W V K A E M E A T Y R N X
M X P R B R X I H J H V C R M K R M
```

ABRUPT	DONKEY	MADDENING	REFLECT
BEDS	EXCUSE	MAGNIFICENT	RUSH
CARELESS	GIANT	MEATY	SIN
CHERRIES	GODLY	MINUTE	UNFASTEN
CONCERN	HEAL	QUACK	ZEPHYR

Puzzle 7

```
Z K X U J I B X M A L D C K O K X G
Y H C U O R G T D I H F L N N U M N
H T A E R B S Z V H C R O L W A S M
B G G F Z Q L B A B Y E Q C L K H T
H J D T I T C E F F E X P D N A M T
P X O L L S R E E T S T L E K J A P
Z W K I M E X C L U S I V E I M S T
Q O E A L X G V Y L N A M O W Q U N
V D J F R E N O R M O U S O W I O L
H N C A N E I R I B G U D K K J R N
L I A O C G K N F I L M N X A E O O
W W P X T K O O B R A K E B M H M I
K S Q G N I O W H N T V G S G P U T
F Q U Q X T R O I L O B H L R J H A
Q E F K L Q C U E O O U T I X D J C
C H D F D G I B G Z T K C J S M N U
R B S G F Z S X S M H K V E R R A D
A L Q X K V R U L S L K G S Q O T E
```

BABY	EDUCATION	FILM	STEER
BRAKE	EFFECT	GROUCHY	THANK
BREATH	ENORMOUS	HUMOROUS	TOOTH
CAN	EXCLUSIVE	MICE	WINDOW
CROOK	FAIL	PRICK	WOMANLY

Puzzle 8

```
P R E F F U S W O H E G G I U Q Z X
T U I L Z Z I A C D M Z R L R X T G
Q E R R I V E R I Z S G O M M E U W
R W J R Q L N P K Z D O O G A E E J
A I G F R A S K A J Z K V O K T B D
D E T S E R E T N I N U Y R F I T E
E R O T S L A U N C H X D O B H P P
N R I D I R E F U L X V I O H W U Z
G O E F S Q B L O O D C T M J Z T X
I W K P B B U D R V Z I G F Z P R S
S N W U A A R G H F W Z C L B U V I
O U O P T P W I N G E N I M Z I M Y
X H O A B N O R M A L N O X O D P G
F S J M P D B J S E G B B C Z H D G
W W L U A M R L O A E S W N R V U A
T N E T B F B L F G B Q T G F A S H
U L F N T K N J H G U O T B K A B S
J Z G K X D L I D C G N I V E I R G
```

ABNORMAL	GROOVY	RIVER	TENT
BLOOD	INFAMOUS	ROOM	TOUGH
BOMB	LAUNCH	SHAGGY	UNINTERESTED
DIREFUL	PAPER	STORE	WHITE
GRIEVING	PUZZLING	SUFFER	WING

Puzzle 9

```
K O O H L T B S Z U O E N P D P D J
C V R A E A W F U J N U Z X C F G B
C L G A I D R A C O N I A N R D Q W
C F N L L K R C C S I X U K C I T A
C N B Q A L L M S P A C Q O F M P L
E G A Y O V E N T E O B S G G M A L
X A E Q T U V C P C D U U N O S K N
S I N E L B A L I A V A E O U Z A
V W J A Z P H F U Z C J R P V C P H
S T E R E O T Y P E D H X T V R I U
M U N K R K J V B U N K D K W T U E
S G R E B M U L G N N E N S H Z D C
S X T D I S A S T R O U S I U M W F
E O H T A M R E T F A D U B P U O U
L C K G L K C E N I N Y V U C R L D
E O W J E R P Z G U A Z C A P K S P
S Q H B P W U T O P R A B Z X Y G Q
U P I K L N L S V P E L I D J P B L
```

AFTERMATH	DISASTROUS	MURKY	TICK
AVAILABLE	DRACONIAN	NECK	TRADE
CELLAR	HOOK	PINK	USELESS
CONSCIOUS	LAZY	SLOW	VOYAGE
CURVE	LUMBER	STEREOTYPED	WALL

Puzzle 10

```
A A L Q A X K G Z J T R O O F M I D
U L R U G V E U I V Y B K N R A E P
P V T S O R D F X V E R B G U S Q B
T B D T N A O D O U L P A N X R T U
N P B R I T S Q R O N J V D Q K S K
E U U I Z X X T C J O A O S N G X D
T W W N I C J K R C I B U I I U B O
E M D G N K E N E E T H D N N Z O E
P M S B G T V H P R I O W A G L E B
M F X O O I B X L F D R J E L C M U
O C I M O C X V Y N N R A V J R X M
C M A V E K O R T S O E N O M D T N
N C R M D G W U O A C N G F A E J X
I E T Z B S I K L Q W T F R W U L X
T R L L S T R E T C H O K F U E L D
I E U U V R W Y A L P Z C B L N U A
K T P F G N I T T I L P S R A E L M
Z L S U O T N E M O M N U G S A S E
```

ABHORRENT	EARSPLITTING	PEAR	STRETCH
AGONIZING	FUEL	PLAY	STRING
BOUNDARY	INCOMPETENT	REPLY	STROKE
CONDITION	LOCKET	ROOF	TRUE
DARK	MOMENTOUS	SIZE	ULTRA

Puzzle 11

```
S O A T H M D I V E R G E N T N F J
U E A U C L K T C W X D S T I X P T
V V I C T W U P E O D E T O V D C T
A J D R E O N O V R M I E O K Q S U
G A X U I T A D Q J P P P B L I U O
A S Q S R A A X R G T L T S W O F
B Z O E R W F Z X W S E C E V X R S
O C V L F X N C H I D S Q A X O O Y
N O G U F Z S I S C C U S Z B C M R
D P L C Q E S N I M T M Q E W A A T
J O F J E P O W O J R A W D I J L S
N I Z H E C L O R V B G I U N M G U
K K T R J E S I O N M S T X D E G D
W A I H R L M H B L A D E J A M L N
B N B C P J D M D R Z Z Q Q S X U I
G Q I B Q A C A M P R O F U S E S P
A S C I E N T I F I C X G N T X V E
X X G C L O U D Y G M L U R E Q I J
```

AMUSE	CLOUDY	FAIRIES	PROFUSE
AWFUL	COMPLEX	GLAMOROUS	SCIENTIFIC
BATHE	CONSIST	INDUSTRY	VAGABOND
BLADE	DISARM	NOISE	WHISPERING
BOOT	DIVERGENT	OVERT	WIND

Puzzle 12

```
B M E F B W I O D L E Q Z U M T V E
M O L L M C M D G E H W O A G V D L
Q U T R D T A N K X E D M K C J W A
T W X M X N E R L O F S F M Q O C C
Y X K S R E U P Q L A F Q H E I K S
T T W U I D M O E E D U L C N I E M
F D L E J M E G F W G W S O F S J P
I D B J D M R G N I L A E U Q S S R
N U I E T A R A P E S P B V Z F K T
H A P P R E C I A T E F F V X P S B
R O O M Y S K Y L E A F S S E R P P
R M E O R Q F O E V L U F R O L O C
Q T N E C S I N I M E R X X N M F F
R O O D H M T F C S I D E W A L K V
F P H B O A G N E R X M K R E I A E
W H I N E B Q V H R F C N S M Q N N
N Q X P E R M I S S I B L E T X L M
D N S U O I V N E P T A N G Y A V F
```

APPRECIATE	INCLUDE	ROOMY	SKY
COLORFUL	NIFTY	SCALE	SQUEALING
DOOR	PERMISSIBLE	SEED	TANGY
ENVIOUS	PRESS	SEPARATE	TANK
FOUND	REMINISCENT	SIDEWALK	WHINE

Puzzle 13

```
Q P R B F N I C T V M W E Z A G V H
Y A C U U U N X F H C S L R G X P H
N X W O T S H R E G I P R B L R N A
I R N Z U W V D U M S W T O A E I M
H N W F R W E C O T Y O V P N P H A
S D T P I E H R V Z E E P U N U T C
H Z E X S A P R Z O L R C R O L V I
V U E C T D O I U Y D A P Y S U B
N U N S I E D C P B X Q B O I I P O
Q F Y P C B X A K A S P A S N V X G
M E W T M W R U N W I H L E G E H L
M U M Z K O X E L Q C B E D R H L O
G C G B S D F U E J O H C A M R N D
K O L X I J L F D Z Z B B S L C S X
U O Z G R Z H D T D Y L H D K T Z H
I K T X V I B K C H E E S E N I H P
V T R D F K N Z O X E Z Z Z F F N J
V U Q P L A C I S I A D A K C A L Z
```

ANNOYING	FUTURISTIC	PROMISE	SHINY
BREEZY	HEALTH	PURPOSE	SKIN
CHEESE	LACKADAISICAL	REPULSIVE	SUN
COOK	LOVELY	RETURN	TEENY
DIZZY	MACHO	RISK	THIN

Puzzle 14

ACIDIC	CUMBERSOME	MARVELOUS	TURN
ALLEGED	CYNICAL	MIDDLE	UNLOCK
BORROW	DELICIOUS	MUTE	WRECK
COAL	ENCOURAGING	OVERJOYED	YARD
CREAM	ERROR	TANGIBLE	ZOO

Puzzle 15

AWARE	EDGE	ISLAND	SAVORY
BUSHES	EDUCATE	MATERIAL	SCENT
CLUB	EGG	MYSTERIOUS	SILKY
COMBATIVE	FAIR	NAIVE	SPARK
COORDINATED	FRONT	RELY	SQUIRREL

Puzzle 16

CENT	FLAGRANT	HEAP	PROFIT
CLOVER	GREAT	HYDRANT	RESONANT
COWS	GUARANTEE	INFLUENCE	USEFUL
DEFECTIVE	GUARDED	NARROW	WIDE
DEFIANT	HARD	PENITENT	WRY

Puzzle 17

```
L W M G Z E H H H L K Z O C I N N E
X C D O P N U R R D C B Z G R L T R
A B B Z A I Z I A U H R O C R E D E
N B L H S H G D N O I T N E V N I F
C R Z P T C L V Z J P Z L X Z U O R
S U F H E A L C A U I I M Q Q L E
Q S T D B M M V X L G P B E F A B T
Z H C O M M O N W A R L S F L K K N
C K R A R I A Z V B K I Q A L N I I
H E G L S O N E A J G X M O U R N F
D C J A E F R S F O K F Q O Q Z F L
N W S I I A R W L H H R K R N R Y N
V A V C G Q S O T U B Y P X F E A D
Q R M E W J P L F L X R R K B D T E
Q Q K P O A K R T F G M E J T D S T
R O H S C U X C L X C H W P D W W L
T T P I R C S E D N O N B D U J T E
H D E T A C I T S I H P O S M S O M
```

AIR	FRY	MACHINE	PAST
APOLOGISE	GIRL	MAN	SOPHISTICATED
AVERAGE	INTERFERE	MELTED	SPECIAL
BRUSH	INVENTION	MOURN	STAY
COMMON	LABORED	NONDESCRIPT	SUPERB

Puzzle 18

```
X B J L E I D U E A J V V Q X J O J
D I Z R W W T G U T U T Z S O G I I
E R Q C A R E F U L O D Q K D L E G
E D H A V F M R O W N A E Q G U M O
R L A X O H W H X O P U M Q U K L E
C O B A Q G M O N T N R A E L X G N
X B W A N A X I I Z L D R A G V K P
N Z P O E N O O N R E T F A J I O L
L K L R B K O V Z W B R C L F P X E
L E C R N R I W I S T F U L B D U I
B S W E C N E L J Q J I I V A G W V
I P L V O N K A R K J V B R L O V L
D H F O I H H G K H M E E T U J A V
K N K H P J N K L A N S V M N Z I Q
R J S G H C R I P O B G T N C Z F U
H N E T T O R U T T T L V M H I I F
M S I T J X Q S J T P I E C E R F Q
U N A A O E T W S U O I U Q E S B O
```

AFTERNOON	DARE	LIKEABLE	ROTTEN
BELONG	DRAG	LUNCH	SCREAM
BIRD	HOVER	OBSEQUIOUS	STONE
BREAKABLE	JOKE	POP	WISTFUL
CAREFUL	LEARN	RECEIPT	WORM

Puzzle 19

```
P U K L S N B Q W L Z S R E T S I S
G I R P D Q C V A O O E R D S S T Z
B D I Q D R N T O E N N N K P V E T
K C U X E Z N L L R W S E F O S S O
Y Z X K V E A C H Z A N C P L S G M
Z W L J D M I H K R I W A V I N G A
G I Z I E C S T U P L S F V S I K T
M C C J I C N W N D C B M M H P I O
L C S D O T A T O P U B T T U P G E
A Q F P L B P N E M C D J M K Y C S
M N U L M L S K P N I O Q L U D U F
O C L U U U X Y I A E D M O D H W N
E J L L N S R A R J A S N E V S L J
D T N W W H T F T T K M T F A S M T
J I I T W R A X Q I P E H G F L R A
O E T C U V O I P I D A X K E H F Q
N X L C X R C B F T Q T X U U A I O
K Z D H I E D F R T W U W D M I T F
```

ACCIDENTAL	EXCITE	MILK	SKIP
AFRAID	FULL	NIPPY	SNOW
BLUSH	ICICLE	POLISH	SPICY
BUMPY	LAME	POTATO	TOMATOES
CURTAIN	MEAL	SISTERS	WAIL

Puzzle 20

```
I O T N T L N Q Z H I F T G G W F N
M O N O Y A N I Z J Z N R N G Z H U
V L E I P R G F E H A Q G O G M D T
B S U T I L F Z E V W I J Z O X I R
Z A Q U C O R V R V M O N B G Q U I
Q A E L A N T E H C E E R R M U P T
D I R L L G S A T P A N J R A P D I
S I F O V T D V W R E D G N I R F O
F S Q P X E Z E X T Q P G D E K U
O E E D H R H T C G M E A B S E D S
T B F H Q M O X M A R A A Z N D Y U
C V H X C J S T H C Y R T H I M P F
E R T P X P F D D E R A C S Y M P F
P A L L U R I N G V T R E C F S A I
S T H X Q U E H W F R K I N L D H G
U P M N T L H Z E H T U Q C N H L R
S R B F A U F W Q P J Z M N H J K S
R A D I A T E N O S T R D G U G S M
```

ALLURING	FREQUENT	NEAR	SCARED
ANGER	HAPPY	NUTRITIOUS	SERVANT
CHESS	JOG	POLLUTION	SUSPECT
DECAY	JUICY	RADIATE	TYPICAL
EVEN	LONG-TERM	RICH	WORRIED

Puzzle 21

```
F D K G P E N S S S P Y B R T H T J
N H D J K Z E L T L U L F E H Q P S
T W C R A E E A H I S G F A R M P X
G E D F L E G I F V L U S L G F K I
M J X F P E M Z B I Z C P I A E C G
D T I C E P W U T F W O I L P B S T
E R Z I U J O R M E X U I Z I A C F
R E R L V B A U L R B N B L N V S W
E R S A M N U P A U D T I A G E T P
V E J P Q N M F C T L W H M L F P W
O C G U V B B Z X A E F Q F P N A D
C A I O E M W X V M A W I I E Q E C
N L I Y H T L A E H T S H R V A H O
U X I A A K T N D Q H V Q G B X C S
V W D S F I J O E N E A T U U J P V
V N V G R T F N C O R V X Z R O B I
J U N E A E O E T W U O O F T Q C C
I J V R P J M E V I T C E L E S R L
```

CALM	GAPING	PEEL	STAGE
CHEAP	HEALTHY	REAL	TIRE
COUGH	IMPULSE	RIFLE	TRANQUIL
COUNT	LEATHER	SELECTIVE	UGLY
CUB	MATURE	SELFISH	UNCOVERED

Puzzle 22

```
P L R Z V C F A I N F U C F D X H
I I F B A A O X R V O F L A L C L
A S C L Z L O D A P O W G M C U I
C T C Q T C L D K M G T G O L R H
T E I U L U I T I D E R C U J F O
J N T R R L S T E X E U J S H T X
F O O Z K A H D U V A O I A L E P
G S X M E T S A W F L E O M L E N
G I E U B E Q J F L K C O L F T B
W D D U N V Q Z Y U X O I A I H O
Q E B A L U F W P I P E V G J X E
L F F R A B R A S I V E U B L T P
Q M S R V J A H K L A S S O L O C
V G E E A V F F R A E D G M F V W
O M X S G Z J B I Y D A E R J P I
S W F T U M W Q W N E C T V A O K
U Z I A E A S V M C G C E L C S U M
R C M P R E L B A N O I T S E U Q I
```

ABRASIVE	DEAR	GLOW	QUESTIONABLE
ARREST	EXOTIC	JOLLY	READY
CALCULATE	FAMOUS	LISTEN	TEETH
COLOSSAL	FLOCK	MUSCLE	VAGUE
CREDIT	FOOLISH	PIPE	WASTE

Puzzle 23

```
C F S T E E P H Z E V A H S T D H G
Z Q L O W M W H B A B H H Q Q B P N
Q X E O J A U T R H Y T H M D N L I
J E T A R Z H V I L J P C L R S K G
P E T M P Z V N C P N S M R W W H A
C P E K B N J R F G A F U C F Q U M
O O R J V E L E K L X L A C I F I A
N L S K C R L A S S I K F R K M B D
C S L T T W W O H U N S O A I E K X
E S F C A F N C O T A M S Y R P B S
N H E F H M P C A K J C Z O X M A U
T T H K J H C F X S S S E N X P R T
R V S F I H B U N V T W W X I E F H
A T Q O A B D E E P L Y L M T S P T
T L B H O F Z W P Z C X Z R O W S R
E W X L Y L R E D L E B O M R E P O
F G F Z P T J S T T O P B C I O Q H
T S H R O S Y M P T O M A T I C Q S
```

BIKES	DAMAGING	LETTERS	SHORT
CAST	DEEPLY	LOOK	SLOPE
CAUSE	ELDERLY	PORTER	STEEP
CONCENTRATE	FLAP	RHYTHM	SYMPTOMATIC
CRAYON	INJECT	SHAVE	WAR

Puzzle 24

```
F R D D O O W K Q F J C R R W E A R
X I U E S B B U T L R X E E H M X A
P K M N X A K M U E O V P E T O B I
M G U G E C M F A T L I P G T S M N
V D K G I U I T B S L Z O B I L Z S
X U G D S H O T F A F H C B P E P T
G O M A M R V L I T W T Q A N R T O
F L D U W S J A T N S I Q R V R G R
G N I T T I F E B P G E R W Z A F M
H M E M O R I Z E L M S U Z R U J K
X J Z N C Z E I M F B M E K W Q U A
J Q R A V C L C O U R A G E O U S R
U G O X Z O K O D A L O O F I C H B
U T T C G E N H N A V G Z E P K Z S
P S I S T E R V L F R E G N A R T S
R T W U P D C O H E R E N T I M M H
M F V C G V R B G A R R U L O U S K
R T E N D E R O K Q O F M X W I Z C
```

ALOOF	CREATOR	QUARRELSOME	STRANGER
BEFITTING	EXCITING	RAINSTORM	TASTE
COHERENT	GARRULOUS	ROLL	TENDER
COPPER	LOUD	ROT	VAN
COURAGEOUS	MEMORIZE	SISTER	WOOD

Puzzle 25

```
S I K M P X F G E V D F F P T D M O
K N I Z J I D Z K G E C X W R M S H
F G Q E E Z P E P G B V R O V V S W
T Z T R S W T F E F H W F A Q A L E
G I C Q R W L G E N W F E A U Z F Q
B E L M S Z O Z R G A C S J Q C W K
K V I G F R O I T C A K Q T C K C N
F R G E I C H C W Z D N W M X R U O
W D E Q Y D C R R B F M A J M I D I
J Z I D B L S O U A A M Z M P G D T
M W U S N S C A T T E R E D C H L A
N A J C T A J G G O H X W O H T Y T
G M X H K A W L D C P E L O H E A N
K X P I B Q N W K S U R X W T O W A
B M K V C E N C Z O O P R Z E U V L
L I F O H E A I E X X B N W D S C P
D Q S V W P V S C I S S O R S S E S
D T N E I D E B O T T E K C O P T S
```

AFFORD	FIERCE	NEW	RIGHTEOUS
BED	GAUDY	OBEDIENT	SCATTERED
BITE	HOLE	OWE	SCHOOL
CUDDLY	MANAGE	PLANTATION	SCISSORS
DISTANCE	NEED	POCKET	WANDER

Puzzle 26

```
D A F F Y C O I L K X F C K I G D F
S L C O Q Y T S I M T U I J F P D Z
Q G N I H C E E R C S D E G G A J A
U L C F E J N M Q X X S V Q L A T Q
A O W M N L G I J R J E S O N E V I
R O H O U N I G X M H U S C E D L H
E S A Z X G S V B O T W B R K Q J U
N E L N P T E B D E R L G T Q V V S
J J M R P I D F E V U A B C T L E P
P X I S A G J W A S S H K E M A M V
D Z A K R U S K M I S R K N E U A H
L A P O A R U D D G D O U N V G T T
E T A H L H K N Q M L C R O N H H M
M D S X L S K U L Q T R W C Q A T R
A L I V E L K O I T K X N X Z B Z D
G H S C L T X W W L I W C W Q L K Q
W W P U Q O G X I V J J S A F E C X
D S U W N R U S H A E J A U U T G B
```

ALIVE	DISAGREE	MISTY	SILK
CONNECT	HATE	NOSE	SQUARE
CROSS	JAGGED	PARALLEL	SWEET
DAFFY	LAUGHABLE	SCREECHING	TAME
DESIGN	LOOSE	SHRUG	WOUND

Puzzle 27

```
E R Z M V C T A S U O T I U Q I B U
R N J S U O R E M U N S S O D E H V
P C G L E A M I N G X E Z N Q T E W
S D A S H I N G E U A H I L X C D O
S P K K S U W E W S D F I G J Y C B
E J G P L P H J H W O M H X A M J S
L U E L L M S O B T P M E R A E J E
R W P K U X R U D I A L P F S C A R
E B J F P E J R N J B S I A A V O V
B T N K P Q A G U A D C E G L E P A
M W P E Z H M N J K S R U V S I V N
U B D X T B P F G V C Y G S X L N T
N V X D U A P L A N E K T Q T T K J
O W A J Q D R M I C D A A J W I B C
H L J N X L R C R C F L E Q V Q R B
B S T E A D F A S T D F I Q L L I Q
U T W E C I O J E R D N J C J I P G
U Q G N U G R A T E F U L I Q Q D L
```

ABLE	GRATEFUL	NUMEROUS	SPRAY
CRATE	HARD-TO-FIND	OBSERVANT	STEADFAST
DASHING	INCREASE	PULL	STIR
FLAKY	LIMPING	REJOICE	UBIQUITOUS
GLEAMING	NUMBERLESS	SEASHORE	VEIL

Puzzle 28

```
Z C U L J F P D R R C F M J O C Q L
X R A N Q E L T B B W V W T G A Z U
C Z U H R J Z O X T X Z N C Z L E F
G N I V I L W I E M A F B I E L K H
Q U L J B L T E C S L W A J W O J T
D K P A P T H N U A U R D Q F U S A
E H T M H Q T O D A D M I R E S P R
T K R M U A N B O A D X P S Y D V W
A C I F H B I U R T H T G U V H X L
M N C G X I O Q P N G Q A B E M D A
I U K L M K P J E E I U T D W O A U
N X Y Q A A I B R M H S N U Z R Z G
A V X Z I W A X I T H Y E E A D J H
J H D A D Q K T P S U N N D U E A T
O Z A M Q E P D N U A N I M H R B T
I N G W E H V I U J M I M Q O A E T
D U E M A Z P U C D R K E X T T C T
Z B V X C H L H M A G S D U R Q F A
```

ADJUSTMENT	CALLOUS	MAID	SKINNY
ADMIRE	EMINENT	MEEK	SUBDUED
ANIMATED	HIGH	ORDER	TAWDRY
BONE	LAUGH	POINT	TRICKY
BOW	LIVING	REPRODUCE	WRATHFUL

Puzzle 29

```
D K N J K W G J E K C I S R U Z P J
T N E T J Z G R C S H R Z C J E S E
O E W P O I A X V C T C K N L E D E
G E U M R O F T A Q S I Z B G D U L
R F L A E E P E G S W S M A L V J B
K W F G H D L Z S U B I O Q D V E A
Z F C A C B F R R N E Q M D W H T
E H P L N C L A I M I U I I K Y K I
F T A G H O V O D B F S F F Z N U
R H B F L L I E O G T K F I U S B U
L L T H K N I H Y W S S R A P Q A N
B R I G H T N U S R E R E D S J W U
B R R S X J A W K U E L K T V F D G
A S K N C N T C K T C L L Q O F Y C
L U F R A E F B O A T S E U I R W E
I S C Q C E Q F Q H B T C C N C P K
N V Z P E U Q I N U Z S E I B B O H
A Z I W J D F W A C W B N X D M L B
```

ASK	CELERY	HOBBIES	SICK
BAWDY	CLAIM	KNEE	SNIFF
BLEACH	CUSHION	NIMBLE	TERRIFY
BOAT	FEARFUL	NULL	UNIQUE
BRIGHT	GIRAFFE	PROTEST	UNSUITABLE

Puzzle 30

```
T W G X W K I S S D P O M L Z G D L
O H G G S U O I C A L L A F I D Z L
G R P A W B V D D T W O A Q C K D L
M U C N I X S R H Z G X L T L X Z A
R A L K J F U R N I T U R E L W U N
F I E L D L L N P O W S P N T A C D
Q C I A S I W F G M R O F N I S L L
U J L F M R O B U C I T C A D I D X
E I C A T S H V C H L H S D M P C I
U F P S A A P P L I A N C E R W X W
E H S C T E L B Z N K A S L Q R E H
C U U I S S O O N P O C E X N R E M
C J O N N I A E A G O U F W I L E E
X E V A O L L T T R J I K S L U Z I
A N R T S E T S C H I S E I W S D C
V O E E I E P H C N I D S I P S R U
X V N D O N Q E D K A H Q Q R R T Z
R C U S P K A G N W V B C N I L K Q
```

APPLIANCE	FALLACIOUS	HELLISH	ONE
BAN	FASCINATED	INFORM	POISON
CHANNEL	FIELD	KISS	QUEUE
DESIRE	FURNITURE	KNEEL	SAW
DIDACTIC	HAND	NERVOUS	SCORCH

Puzzle 31

```
I P V T R E I C G D A D V I S E J S
G M M I U H B A T L M E S S U P B F
S H O C K I N G T S E N F P A E S W
W J F D K C U A M F O V N N C S L L
I N D L G R V E F I B J I P R Q L G
Q U N V E Q L T T N O J U S A H E Z
O O S O H L H P M Q N N S I I Q B W
W V K R Y G A N C N I O G H Q C D G
P R B E I C P V S I K L V P X E X
G R M N R O M U H I V O U P S N V D
R H A E X P C M S E A Q E E K K X W
O G A C X J E K Y A D F R D I K S B
U W J D T N M A D V P M X F R I O E
P B R R T I F E A J M U B U T A P Q
E L I Z B V C L H T W Z E A B U H Q
J K X U R W U E C K M N R W I L W F
S R B F C E A F U M W G E D U D F K
V K P R F E E M P B E G I N N E R P
```

ADVISE	DAM	GROUP	PUNISHMENT
BAT	DAY	HUMOR	SHOCKING
BEGINNER	DECISIVE	MESS UP	SKIRT
BELLS	GLUE	NIGHT	SMELLY
CAPTION	GRATIS	PRACTICE	VALUE

Puzzle 32

```
C O N C M Z M P J P F T M O W H A V
F W F P P R D S L H E Z S B P L O Z
H P Z E K K Q L U I U B I R L K H M
G Z Q Q J L A A H L U H X O U C M N
C R D R A C E T W D O S W N A B V X
A S W I N E C I U E R E S P E C T S
G T T P H H X P W S O C Q E B P U I
R T T R M E F S B S I R S K U U G L
E D B E I J D O M E L O M A J H L L
L Z L U M P M H X R I W Q D B B I Y
I R T F J P E V U P R D R M G Q E L
G T G Z X O T D W E I E W Z C K S U
I Q J R C H J Z G D Z D Z F F O T F
O B N M L B F O R G E T F U L Q T L
N R I I E I E C H A N C E K H Z F X
W E L C O M E N Z D E C O R A T E H
E T I D N O C E R B N K L K O V K P
R A J K Y L T H G I S N U A S I Q R
```

ALLOW	CROWDED	JAR	STRIPED
ATTEMPT	DECORATE	RECONDITE	UGLIEST
BURST	DEPRESSED	RELIGION	UNSIGHTLY
CARD	FORGETFUL	RESPECT	WELCOME
CHANCE	HOSPITAL	SILLY	WINE

Puzzle 33

```
G H E N D P O M C P L A S T I C R G
D S V E G P W P F T K E N C W A Z S
C P I D R E F U S E T I E Z H B E Z
H V T A M F F W Z A P O R M A L U A
I E C M Y D L E I W N U H S K N S P
L S A L L M S E S S I D E T F Z S M
D S R L A V U B R R N B K U V P E M
R E T E V M P W I Q A Z X X A H L V
E L T W O T G X M L Z W F R D I T E
N Z A W R U Y O L G O A K R O C O X
N O P Z P E T I R L N L B E P V P P
L N I K P M S D F G I Q W R I S E
L I E O A O A J E N N O R U P D W R
E U L T A S N S G K P L O E K B W T
G W A B T H A E C D R L R U W V H C
S W C P N I G D U J O A J F E O U D
W J U A I H M C L C I X M P T N T T
N Q Z B H H H U K B O I L I N G X J
```

APPROVAL	COLOUR	MITTEN	SPOTLESS
ATTRACTIVE	EXPERT	NASTY	TOWERING
BASEBALL	FLOW	PLASTIC	UNWIELDY
BOILING	LEGS	REFUSE	VESSEL
CHILDREN	MARKED	SPARKLING	WELL-MADE

Puzzle 34

```
K H B U T T K W D E T R U C K S U I
Q Q Z M S P A K G E M U P M W C N N
J C J G I G P N H J L W P X G T Q C
Z E E V W F I B V S R B U U T U D O
R Z T I T D E I S Z H Z M O M H X N
V B N H L E M T S O H G U U L S F C
E L A I O L G B W K A R A V J X A L
K A U F F I P D Z U B O N E Q D N U
M B R M E A J C Z C S R O L R E C S
I Q L D W T E G H P T U I B P E Y I
S A K W T E T T O X G P S U V T R V
C M Y N S D I O S X Y C E O W T V E
R F J R H L L B M T W F L D V U S T
E U P R O N E T I J O E E J L N U I
A D L M M T N T N T L G S C V V B C
N R C O A Q S P E F L I S U W O Z C
T X Z Q H F H I J N I S N E E Z E R
P Y H S A R T T H G B Z H J X A C H
```

BILLOWY	ELITE	JUMBLED	SNEEZE
BUILDING	FANCY	MINE	TOUR
DETAILED	GHOST	MISCREANT	TRASHY
DOUBLE	HISTORY	NOISELESS	TRUCKS
EAR	INCONCLUSIVE	SHUT	TWIST

Puzzle 35

```
B D F U B K O V R T C S P A G E O H
O L N F I N M K N I L B M W L O W S
T U C R I A H A W K C K W D C Z S L
H V F R P P A Z L R Z Y R S B P P I
I P K O L N N F O L I A N Q Z X Y P
I L X M G U B B S L W T N A U A D N
P R J L I H T U W E Z E I Z Z P J X
R A E C Q X O L R T H W S N S C I N
W O R A G I M A T O O K R G G I I D
W U V C R W V F I L L Y C T N G A W
D Q K U H U E F M P I P D X P I M Q
E M P I X E R D I O D M Q N C I R E
C S A B A V D O L V A U L A E T F V
E D O K N W B K C R Y R N E K J H I
F J Y T R I D P W R S G Z M A U P T
G B G K W E O R U L L A M S U X E S
P D W N I R G X P K M P K C F X H F
O L W Q K Q W W Q H B P H K O K B T
```

ANGLE	HAIRCUT	PARCHED	SMALL
BLINK	HOLIDAY	PLOT	SPURIOUS
DIRTY	LIMIT	REWARD	SPY
GRIN	MEAN	RINGS	WRITING
GRUMPY	PAGE	SLIP	ZANY

Puzzle 36

```
W L J B L F S F A K P B T H I J O X
J I S T I T C H Z S R Z Z U B G C I
E W K N R C C I S T R E A M U I R M
L A N O L B P O E T J G U U G L T D
L R Z K C K S L S T M Z A L D J T E
Y T O U X S A A I U E D A X B W V T
F S C U I S L G I V E T W R P Q U F
I S F F T U H E J S S N K V J E O Q
S P I I E T R O C O D L H U D U C E
H E C W R B S R N E L M J I H E P E
D O R A I Z I B G I R U C X B C Q X
K P A R C P U V R G P E V D P I I K
C I D M T L S H P J D V C H M M K M
O S S I B J T L B A U V W T N R Q V
K N V V O J S S E L T H G U O H T E
I E J K S Y L E M O S D N A H H I D
V C F H Z W I W G X J G P Q N B B M
F V M A G M A K F O R K Q F S A V O
```

BIRDS	DESCRIPTIVE	JELLYFISH	STRAW
BLUE	ELASTIC	LAST	STREAM
BULB	ERECT	NOSTALGIC	THOUGHTLESS
BUZZ	FORK	OSSIFIED	THRILL
DECIDE	HANDSOMELY	STITCH	TIGHT

Puzzle 37

```
F M H Q G G Q N U T T Y Z K T O B M E
W K A Z N D X F Q K S O L I D M D Z
K C N S D R I Z E V J M B M W X Q U
E X D W V L A C E O N F U Q B P J N
N C L F P T X I A M R E R B O P R N
K C E B N R N V P L N G N N K B O D
S O W R R D H I F E P T M K C V N P
P M J E M I R C E O E P N N I I R W
O P P Q O W U R M J L H U T R N E D
T A N L R E G L E Z X L S X T T V E
T R R Z M V D A S T G L O A W E O A
Y I D B M E K B O U Z I C W T R G S
H S O C P H L A R D D O B E W E W U
M O T E R S Q S S Y S S A S H S J U
M N N G P Q R H Q P R U K S G T V W
O D D P O I K E K O E T O Z W P O M
A M O S Q M R D S U B T R A C T E P
G G W Z Q G K N W G Q L N Z J D P G
```

ABASHED	FOLLOW	NUTTY	SOLID
BURN	GOVERNOR	PLACID	SPOTTY
COMPARISON	GREEN	ROSE	SUBTRACT
CRIME	HANDLE	SASSY	TRICK
DEPEND	INTEREST	SHEEP	VEIN

Puzzle 38

```
V B I M J R D K T E N U O U S Z R N
R H G I T E E X G W B E U R X W L T
U U F A G D W T E V E R P B U S E E
U I H J J U O F D I G Q L D G Z T J
I H T H S C L E A R D H X Q H Z T D
K B Z L H E L L A C A N G A O N E O
E H N E R D A K O E B T X X W R R M
W N I R I C H T G L P M R E P F L I
G V K B A N F L O W E R S R N O O N
G Q D V H L Q Z L P F S E M P K M E
H B H N N W L N E V A L S S T X W E
O X M J U L S O M F B B I H T Q D R
M L R U U T T R C A R D G K M O N I
L I T A A H A I C U E I J G R U O N
K I L M M E U H I D R T X D L E C G
G Z P A H U J S U N C L E V L R E S
Q A I W I E E D M F O I E O S P S G
C C S L H D B X G M E T S Y S G R Q
```

BADGE	FLOWERS	LETTER	SLAVE
BRUISE	HAIR	LOPSIDED	STAMP
CABLE	HALLOWED	REDUCE	SYSTEM
COLLAR	HAT	RIGHT	TENUOUS
DOMINEERING	LEFT	SECOND	UNCLE

Puzzle 39

```
N O B K B N S V O P X T G R B C L X
N L M I B L N Q K Q N V I O H O B W
G U O C Z A O J R A T A V O E E F O
S N O K M M D Z T R P M E T T M O M
X F A W N E K I E E B B N L A A L A
X M C F E U O F R A I O P E R N A N
R V L G N N O J T T E P K C E R E H
P D W D I B Z T J O X H U R T Q H U
R N B Z F F L V N A G T C A I K Q F
E Y M A G E S A L N W M N P L F D B
R M N R V F S E A S S E L E S A E C
U J C O E A N R B I B J M K T V V Q
T A E U P R S R O F X R A Y V A T Z
A F U Z U G N A R G X J O W J N B B
I I D N M R N Z E M L B X V S L V H
N T G V D J A I R V K O D N E T J S
I G T T F Q H B T X E M V X A M H H
M Z I I A N I T U L A F H G I H F Q
```

BAD	FANG	LABORER	PARCEL
BATTLE	FAR	LITERATE	REPAIR
BIT	GAMY	MINIATURE	TEN
BIZARRE	HIGHFALUTIN	NAME	WOMAN
CEASELESS	KICK	NATION	X-RAY

Puzzle 40

```
G R B U T N E D I F N O C R E V O W
N R J B L I K E B I Z O Q L U T U O
J E K E K A I I A K N R C K T P C I
E N I P L I P T S S Q L L I K Z G R
L R F F A B R L J V A R I O U S D T
L S E N A E I O L E T D O L L S A R
F U N G C B B S C L B N K J H V A A
M O Q U R L X Z U T B B A T A E S N
B I X F E E X R I A S Q A M W K B S
B V Z S N A T D Q V L Z K P K F G P
Z E S T B T W S Z N B P O Q A E F O
E R J A C L C M A L M B I T U C Q R
R P C J G C U H F E S I M P L E T T
B K O W B S R K B L P I H J E N A P
T O A U R Q T E R C E S F D U Y J G
X R E L B R A M C R L O B F R F N A
Q W X O B D I A B I S C S A C D A C
D J E E H J K Q V C B H W G E T X N
```

ABACK	DOLLS	PINE	SECRET
CAPABLE	JOBLESS	PLAUSIBLE	SIMPLE
CERTAIN	KILL	PREVIOUS	TRANSPORT
CIRCLE	MARBLE	REGRET	VARIOUS
CRUEL	OVERCONFIDENT	SEAT	WARY

Puzzle 41

ATTACK	MOANING	SEEMLY	TABOO
FRANTIC	NONSTOP	SHELTER	UNDESIRABLE
FRIENDS	OBSOLETE	SONGS	WATER
HUG	PLUCKY	SOUP	YAWN
JELLY	PRECEDE	STATEMENT	YEAR

Puzzle 42

AUTOMATIC	EMPLOY	HALTING	RITZY
BANG	ENGINE	LITTLE	TOP
BIG	ENTERTAIN	MADLY	UMBRELLA
BUTTON	EXCELLENT	PUNCH	WATCH
CLAP	GIANTS	REJECT	ZIP

Puzzle 43

ADVERTISEMENT	EATABLE	HOSE	SHARE
BENT	EXPERIENCE	NEXT	SHELF
DILIGENT	FACE	PLEASE	SPROUT
DISTRIBUTION	FLESH	REIGN	THEORY
DUST	GAINFUL	SAND	THICK

Puzzle 44

AGREEABLE	EXCITED	MILITARY	SCENE
BASKETBALL	FEAR	NOD	SCREW
BUTTER	FISH	PLANTS	SELF
CAUTIOUS	HUNGRY	PUMPED	SPOON
CURVY	LOVE	RAY	STRUCTURE

Puzzle 45

```
R P D H C M C E B N A L P O B P B S
S Q T R Q G U F A M L U H F L X T T
F T B P A K B D Q U C P G F F C M R
K F E P R W X A O P H A X B R W P I
B P E O C R E V S N G R H E D V D P
P E F V D L C R G H T W T A E T U Q
L A R U T A N C P Q F G A T T O S V
U C F Z F D N B I P B U B U R L S Y
P E F J S X J D G N X F L T A P B H
J W Q N T B A T M B A R S E E M L S
P I R G I D E M A W N G B C H A C A
O A K J N W C O S Q E J R L D F A L
E S K G G K N M X V R L P O N Z V F
A S M L Y U U H D B F M K D I O V A
I H X A F Q O U A H I L M R K K M P
J O X F O H B U B H H J P Z A C N I
O P W S P G T S S N E M J R P P Z O
G N I H C A E T G T G X I S V M S W
```

AVOID
BASHFUL
BATH
BEEF
BOUNCE
DRAWER
FLASHY
GRIP
KINDHEARTED
NATURAL
OFFBEAT
ORGANIC
PEACE
PLAN
SHOP
SPARKLE
STINGY
STRIP
TEACHING
WRAP

Puzzle 46

```
K D F R V O O D O T L L E W J K L R
U S N J J O F A B U L O U S V K I H
Y J E D G N I H T M C T V A R U N E
K D M J M R R H B C G O S T E Q S G
N E O M R E F E H F L U K H M X U E
A C W G O V K A S C T A T E U Z R U
W E G P G O N X A O Z O X A J N A R
S B V I V G R N N V L C N D I E N E
R G D O E E O D X X Y U P B G G C L
I U T J R G K V E E R P T U Q S E A
E Q T X Z P Q E N B L W X E D F W A
T K H Q P J M O G T F L R R A D T S
A A T I C O M I V D B C N A K W C T
C Z X G G A X J E F I R C T A Z H E
I Z T Q C O I L I R A R U Z I B T E
L T M U W D Z M I W E W B K M A X L
E B K Y L D N I K W I S F A M R U Z
D Q I O J U B P U Z N K S V V D U G
```

BEDROOM
BRIDGE
CHANGE
COIL
DELICATE
DRAB
FABULOUS
HEAD
IMPROVE
INSURANCE
KINDLY
MONEY
RESOLUTE
STEEL
SWANKY
THING
VOLCANO
WARN
WELL-TO-DO
WOMEN

Puzzle 47

```
L D U R O T A L U C L A C R O D E L
X U W A E V R E N Z D O T V S M L
S Q S F Z N D H E V I E C E D Q A S
W T F I B J I C I T W Y S U B U N V
A G G R E S S I V E B Q E I J A I G
R D H W M F R E S H V E L G Q L A U
K Q W Q J Z E B Z F T U D D D I C M
R P H Z W C U P E F B O O E F D A I
D A X H N K D T Q C Z X V Q O H L C
H I N J G Q C F S D C P W U R D Z F
G N J G T H H S S O C J G A E Q Y G
R L F E E C A B B A G E R L G D K S
L M L S F L V O R B S C O A O K X P
P R B Z A I E I S K Q C I O I Z G C
X L L O D R W M M I J U L M N C T N
G Q D V Q R D U G M N B L V G X R K
W Q Q J K J J K X C L O P Q U E X H
V T E J G O Z C L O A D Z C Z H V U
```

AGGRESSIVE
BLOODY
BUSY
CABBAGE
CALCULATOR
CUP
DEBT
DECEIVE
DOLL
EQUAL
FETCH
FOREGOING
FRESH
LOAD
MANIACAL
MUG
NERVE
RANGE
ROD
SQUALID

Puzzle 48

```
M G C K B B Z N F Q G I Z K A F M X
K F N R H D L Q R H E N K M G O O L
R M C V A M P N M G L S H M W U L S
A E I F G C E M D R B T R I L E D C
L N L R O Q K Q E A A I A R V C Y U
U T E O V G I E G T T N I M R A V N
G E D G E N A X R E R C E Z F L X N
E R E S R I P U O L O T K N D P V O
R T H H N W P H C F I X D E F I I I
R A C Z M O N Y B G M V X L G F G T
C I Y J E N A K C A O E I E C A O A
Y N S F N K C V V N C R B B A S R L
H I P P T L R U P G U K X Q A N O E
T N C T A A Q C T Z I O Z H B G U R
L G T T F U W M C M N V B Q L I S J
A X D D E S T R O Y H G M W C G R Z
E R X Q J Z E B Z T U D D S S A L G
W P H G N I M O C E B N U Z W F B Q
```

BEG
BOUNCY
COMFORTABLE
CRACKER
DESTROY
ENTERTAINING
FROGS
GLASS
GOVERNMENT
GRATE
INSTINCTIVE
KNOWING
MOLDY
PLACE
PSYCHEDELIC
REGULAR
RELATION
UNBECOMING
VIGOROUS
WEALTHY

Puzzle 49

```
V O E B I R C S E D U O O A J N K B
E T N I V C O I R D C C I M R I H B
V U C J P V D H E J N C W E G B L K
I K O Z N E R O E C K A V R S O E O
S Z N T T Z E Z D E X U P V Y I O Z
S H N J P H K M A S K V C D C M N P
E E E V P A W M A B A N D O N E D M
S R C K S U S W F I H U B P Q H G N
S R T T I G Z B G K R G E V R L U O
O A I B Q L F Z T H D X N J R U Z I
P T O K I W D K L E O V V H O F T T
D I N X C U Z L X E I R W N M R E S
D C T F G H I I F D H S I A E L E
B P L D I T F B M H E A Q E N E D U
B V D L E S A B G U C N U W T H D Q
F K F U T J G L I B O Q U D I C I C
P F X Z J S G Z D I S T I N C T R T
T U T T E R M O S T P S J X B N B M
```

ABANDONED	DEER	HORSE	RIDDLE
BASE	DESCRIBE	MASK	ROMANTIC
CHEERFUL	DISTINCT	POSSESSIVE	RUDDY
CHILDLIKE	ERRATIC	PUZZLED	UTTERMOST
CONNECTION	FIXED	QUESTION	ZEBRA

Puzzle 50

```
N X X R C Z R T U E E B H L H J Q F
O B J W D I M A Q E S O L W A C E Z
N T L R Q O T O U C Q A U E T V B W
C E J N K T O N I L E L X P S D O Z
H E T F E I I T U X E D F Q J S M O
A R P N T T S F S M L O S S G S O K
L T D D N U E K P R H X F C C D C A
A S L O O T J T M C E F A Q J R B I
N C C C S R Y Q O G I D X K Z U E N
T T A A G L L N Q L G A N N P M K D
H V W W G S F A V L P U A U D P K M
U L D V Z E B S P H N E X D I M D C
S L T V S Y T E E T L D I D P O W C
C M E S T E G R H N L K R O U N D J
B V S T P A L A O B N U W N T K F U
I J O G M E W G Z Q B J M T S B W C
K N A A V J T P P J V L Z M K E P B
S X D F O H X Z H X A X C L O U P P
```

ACOUSTICS	DAMAGE	NONCHALANT	STREET
ATTEND	EMPTY	OVAL	STUPID
BLESS	FAX	PETS	THAW
CONFESS	LEAN	ROUND	UNDERSTOOD
CONTINUE	LOSS	SNOTTY	WASTEFUL

Puzzle 51

```
V T S I N C A N D E S C E N T B Z B
I L D P A R S I M O N I O U S Y W U
X P V H F R I G H T E N O N A T I S
E X O I B V M W K D X R C B V T M T
S Z G W Z A C I E X A G U K G I K L
I E E K E T B R L J B C R J I W P I
N B B Z A R E S Z S U A L J F N E N
G P Q R Q T R I Z X C W I I B Q D G
O H S E T E A M D J K O C L J G A W
C B G U S L I T J U E M C I F V Q L
E S L U G Z A D Q W T L M E A T W E
R C O T C O M M U N I C A T E W Z B
P R S T R E N G T H E N S R Q K S E
T A S V C S V K N V J Z A K G C R R
R O O H E S U O H S Q J F W D M D D
U L I S R C A R R Y P D R L P G G V
R R V L P U U A N P A D I Z U G H I
U T E L Z C C S V A E L A T S L N L
```

BUCKET	CURL	MEAT	SOAP
BUSTLING	FRIGHTEN	PARSIMONIOUS	STALE
CARRY	HOUSE	POWER	STRENGTHEN
CLUTTERED	INCANDESCENT	REBEL	TROUSERS
COMMUNICATE	KIND	RECOGNISE	WITTY

Puzzle 52

```
H O A W E S O M E L T E B F F V E U
S V X Z L P W F I R A U N A J C Q X
X B J A Z Q S H A C D G R N D X H R
B N Z H P G N I I A R N I A X Q G B
D M K E E B N P S R F O A T C N N U
L X C V V S K I G V W T N I Z Z I T
G A O H W C A D K E N P O C A S D N
R U L E U A Q E W C J N B A U T N N
N I A S L C M E T F O D E L E O A O
S P Y P C I S P T L J T D D E A T S
H J V M A C G I X F N M S M D K S Y
M W A E J E S H E Q P U U E S K U D
H B E R A W K F T F W D M N Z U R P
B I H W G A M M M E P O F F E I P T
X X D E I V R N T C N R R J I E A L
H B G X T S A O C I N V E S V H U E
J G E V Z Q B U C T E J E N J K K Q
F W K F F E S I R P R U S J D C J S
```

AWESOME	DEMONIC	NOSY	SUCK
CARVE	FANATICAL	QUEEN	SURPRISE
COAST	FREE	RULE	TONGUE
DEBONAIR	HEAVY	STANDING	TRAINS
DEEP	LIGHTEN	STOCKING	TUB

Puzzle 53

```
Q F B R K F P C C I V X E A B S Q H
A V P T O F F N O O J O G J G C O R
M F M H P G C O N N R M S H V P N Z
S Q U G C Z C O M M A N D H F J C I
D H D U Y L Q G R F S E M U W D B G
I F D O S G I X D V Q R N A E L C N
M T L R S U H F P M P A D A B X D O
E A E W A E A M S S E N I S U B G R
A V D R L O S T A T U E S Q U E X A
A S C E C Q F S U O R L A V I H C N
F C B V U U A D A S G U M W N F S T
F G D O E B I O U T R A G E O U S O
A I B K P X T J J C M T O O R Z N B
R C A A I U H S W P E R M I T F G B
E W S D B T F R E D U A L P P A D W
A S W Q N H U O E U B U U C N L T W
W Q J V B Q L V K V F Q U P Z T R E
B H W Z A U V K U Z I A N I B U M C
```

APPLAUD	CLEAN	HOP	PASS
AWAKE	COMMAND	IGNORANT	PERMIT
BUSINESS	CORN	MUDDLED	ROOT
CHIVALROUS	DIME	OUTRAGEOUS	STATUESQUE
CLASSY	FAITHFUL	OVERWROUGHT	WEEK

Puzzle 54

```
T U H A L T M Z F T L J X F S S I X
O V U R F I K N P T Z N B S I B Q Q
O B N T A T X V Z R R O M X K P F G
T U I T E T Q C B A Y P X G A M N P
H U A E Q G T X E S E E G R H Z W K
P K L X N P Q Y W F X I T S U O T L
A J P U W P A T C T P Y R K Z H R D
J X B M K X C V D V A N B R X N C
T V E E G W R I W R H S V Z A B V U
E I J R E V E C S T F D E T E C T A
M F P A R O I V A H E B M U L U E L
V T B N I T Y F F U L F S K C B R V
E T Q T B S A V E P T I N K J U A D
O F W J N D U F X E K E A G N A G I
Q D Y P P A N M T P R F J J A O L P
G E G D O J A R H X B M A S S R U A
C B A T J E F X J R J W C Q Q G V R
G K Z Q L V S F E C H E T I V N I L
```

BEHAVIOR	EXUBERANT	KNIT	RAPID
BOY	FLUFFY	MASS	RATTY
CLEAR	GEESE	NAPPY	SAVE
DETECT	HARSH	PARTY	TOOTHPASTE
EXPLAIN	INVITE	PIG	VULGAR

Puzzle 55

```
X R Q W P J J K U Z K P S S O U X Q
M J P W M D J Z H P C E R R D K R O
C D D J V A R W B G C E E H M U J M
Z I V W D V Q Y D W R R R T Y Q U V
O G E E P T P L K D A B I B C M S V
P I D A R C S R S I A O N B K Z E D
R R C P O N L O C O L O R L D Q X P
I D D C U I E B R N O N E K O R B C
V I R O D C E H I E C T P L C B H M
A C M U Z C T G H H X L L O H E S D
T I U C M U Z I E P C N N I C X N E
E E D R Y S K E Q A G T P K G F O T
V N V X O L G N U F R G B C F F B R
P O A O N K I M L O A H V N B K B E
Q C Z Q M H C A L R C O E J O J I S
M D D M U H T I D C Z F I N X L S E
V C R L F I R E L E X H M P M P H D
A D A X R K A E A L E A V O B B L C
```

BROKEN	DAILY	JADED	RHYME
CHECK	DESERTED	LICK	RIGID
COLOR	DRUM	NEIGHBORLY	SLEET
CONTROL	FIRE	PRIVATE	SNOBBISH
CRIB	FORCE	PROUD	SUCCINCT

Puzzle 56

```
H C P G Q I D B E D I S C R E E T J
D I D R O S A D J O I N I N G L H B
H P I N S T R U M E N T W X U K U H
S P L A W X Q Q M J X W R M E R U P
Z T E N D E N C Y E R E M C R W A M
J M R H A U E F V K V J G L G P U D
S O U L D P R K V E U J O K V G M E
F E L I P U M A C G Q U I E T J Y
E I W Q X T C C U V N I C U N E A E
I A A P M U N R J R Q R B I K E J E
L U V M O U E Z H E Q E V U F S D D
E S E U W H S B F G I N X Y L I R I
B B S D O U B T D U H E K F P M W W
C K K Q Z C A E A T E C B G N Z J S
C Q A K J P B U R Y A S Q T N I M S
Z R P R O T E C T W F B U M O P P E
P S M O K E B I A H T O O C C C R O
G C W A T D N K E U B K W I D F C M
```

ADJOINING	CURE	OBSCENE	TENDENCY
BELIEF	DISCREET	PROTECT	VACUOUS
BIKE	DOUBT	QUIET	WACKY
BURY	INSTRUMENT	SMOKE	WAVES
CLEVER	MINT	SORDID	WIDE-EYED

Puzzle 57

```
H X I C S S L I P P E R Y C I N H O
M W O F I L E D H V G B C G K U R R
Q N Q C G U T L B W E A B N O L E M
S U U D N Z T V B Z P P X D V R C R
U M Q U A G O D I A P A D A E Z F K
O S S T L S L L T N S A O V R I Z D
I S N H D C A B J O X N M K C I T W
D F I W N E M K E W N E E Q V D A F
I F A K R X X U T E J K Y P I M E Z
S A T C D Y N A M I C K I S S N U K
N W N B W Z M E K T O R G W C I L P
I J U U G G W U G O D U I E B S D U
H M O Z U A S G P P S L X H D I B H
P G M F G T J S U T L X K F E L R E
S K X C N M J G I I D J C G P E I N
G K R O I S P N N W H C V Q A N L L
G S R G Y Z G G W Z V P G S H T V N
V X W V L U G B K M F G O L S Q O O
```

BUMP	DYNAMIC	LYING	SILENT
CAP	FENCE	MOUNTAIN	SLIPPERY
DISGUSTING	FROG	REALIZE	SPOOKY
DISPENSABLE	INSIDIOUS	SHAPE	TIE
DOG	KNOT	SIGNAL	WILLING

Puzzle 58

```
K C H Z M G V T M V F N X W G J G C
I I Z N N W P E H L W E N E S R E V
M T M M X P W R O M G G L K L C Q O
P S C E B O S W X G A T U O V G O S
A I B V L H E U S Q S A N B J T Y L
R L V O L R K Q C I F P R N Y H U G
T P V L Y F I N H E Q V N X C D V Z
I M J G D I O W I A W S P T I A I
A I D K L O G G I N Z C I C X R J L
L S J F R I N J S N W M R G P X N B
R F S A S E S D P O W O L I M Q M V
G O T B D A N T R Y U I C R T X W F
R S O P M X R D E S B K A B R L K D
F A E P T N L P P N L S A F T I B V
T S J Z R N K L D E I U Q H H A O O
D P K A I C S P I H E N K A S T H I
K U E I I T P C I J X A G O O M F D
N B A P B R A M B U N C T I O U S H
```

AJAR	GLIB	LUDICROUS	SIMPLISTIC
ANNOY	GLISTENING	PICK	STAR
EGGS	IMPARTIAL	PICKLE	TAIL
FEIGNED	ITCHY	POOR	VERSE
FLOWERY	LADYBUG	RAMBUNCTIOUS	WHISTLE

Puzzle 59

```
L T L L B S F K H T S T E A M K T H
C O X H E A J M Q J Z I Q C I O Q I
D R K L L U F T H G I L E D Q S H B
H G E I W W J L A H T E L R W Q G R
P L N A A E W W X X G Q X W V M N Q
U X L I T A S F L A M E V L S C I L
D C A A B U D O H L I K O E A E R R
T A Z V E R R R L H W T I R E Q E P
V Q N K A U O E I C V B S P B V T R
V H X G I E Q S Z N A D B L G H L E
O Y F W E W X S B B K Z P A J S E A
P P T C O R P Z J A V B P X W I W C
V N Z U X S O N F R M P C C H C S H
M O R G D B E U A U A M O G A R O S
U T B X S P G Q S R E I P E T A R S
C I Q A O X R V E P G M G P G H G X
R C W S C F G L Q U F B Q P I F Z H
E M O C N I U L F D Y P E E L S V A
```

ABSORBING	CREATURE	HYPNOTIC	RATE
APPAREL	DANGEROUS	INCOME	SLEEPY
BABIES	DELIGHTFUL	LETHAL	SQUEAL
CARS	DRINK	OPEN	STEAM
CLOSE	FLAME	PREACH	SWELTERING

Puzzle 60

```
D S S H V I X R E F E R P A Q C Z H
N Q H P C S H L Q G Q V E E M L U D
H F A E A E V W U K T H T S A O N E
C B D D G S J G R E O A V L E F I L
Y N E A P R G P O I N T L E S S A B
O P J L T O Z Z T U F C D P N A T U
E W M N M H T A T P V L I N K A S O
C R S U Z P A R T Z O U U Z D T Z R
I Z O X J C O G D V P M Q I A R Z T
G K V N W F U A F R X S I S D S W C
K X C W S C I W O N U Y L E M V O P
G O X O J Z H D M N W P O A W G F L
M P O W B T U E Z L K Y T B O B E Q
N L X L L C D E S I O P I V G W C
K W E A E U U Q L J O B F F G O L A
P C E U C N H O N L F W O B U H H K
P W A C O O U E X I Z J W V I K T X
Q A M L G R A N D F A T H E R T L S
```

CLUMSY	HORSES	POISED	STAIN
DAD	JUMPY	PREFER	TRAP
ENJOY	LIQUID	PRODUCE	TROUBLED
FORTUNATE	PEDAL	SHADE	UPTIGHT
GRANDFATHER	POINTLESS	SNORE	WEALTH

Puzzle 61

```
M Z P K E S A V L D N X L W C P S W
G T T I F K V B S K Q B R A R T K C
I A H O N I K K A S T C R O C Q F C
B J G U I L N L S N E P U A O W J O
N S I O X I A I S O E M W T N A J C
B V L I K R X A C N H I F M S P N K
I J J D M H A T T K S P I E I W E E
H R L A B C R E N E Y M I A D E V T
N L H P C E R D M E F T B L E I E F
D C R O G I F V H T R C P Z R Q N H
T U U K S G D F O B G V L F U D
X N U Y O M Z E I D I G F V Q M O L
T L I N G C K U G C E X O F B T I T
K D M A G A V O M I I G U F I X B D
F G G M Y L S P O V T E R T P D I I
Z S R S K L J G J D J G N E A J B G
Y Z O O W I H C T A R C S T E N G A
Z I S R E A C T I O N P H X S P Q E
```

ACCOUNT	DEGREE	MANY	SOGGY
ALARM	DIFFERENT	OATMEAL	TOE
CALL	EFFICIENT	REACTION	UNEVEN
CARPENTER	FINICKY	SCRATCH	VASE
CONSIDER	LIGHT	SHEET	WOOZY

Puzzle 62

```
U Q X S Q T E X H J B G C J W O O S
B Z O D V L I T E K E N S U I S M Q
G X B H E S U V Q R K T N I A P F U
R I W S Z I E B S R E H Z U G W U Z
S A U E P X R O B R A H A Q T T Q X
S K Z O E G E C K X O W L B Z V V T
E I T T A T G G Z F N S J F R S I Q
L O Q J C O R E R D Q V Q S E A C V
T Q R O E M A O B A I F S L V K I E
L H B Z F N H W T W C U J K L R T S
I D X T U I C R T C W E H J I U S E
U K G C L S A R Q A I N F H S P E H
G E K R M C H F N W W F G U I S J I
N Q M K E I W T D O G L I B L E A S
V I E W K E I O R G S B S R M T M I
C O O L X N S B G E S O R P R R R F
Q X I X G T F H A T D C E F V E W V
G W T Q X M V E N E R G E T I C T W
```

BOX	GRACEFUL	PAINT	TOES
BROWN	GUILTLESS	PEACEFUL	TRACE
CHARGE	HARBOR	PROSE	UPSET
COOL	MAJESTIC	SILVER	VIEW
ENERGETIC	OMNISCIENT	TERRIFIC	WANTING

Puzzle 63

```
W I L D E R N E S S R F L W W P E G
W O U C E P W H E V I T R U F S D Z
G T I S B S U O I X O N B O N Y U J
C I Z N C E Q C R N N R A Y Q E C P
E K M C L K S I V J F H A L W L A N
P V R L R N C T U E G L V A E L T I
E K A V R L A A B X R V I B H O E S
D G H R U R R M A F R H N G C W D C
V R N C B U F O D L I K D U H C T N
T G E E B I K R L U O X D Q J T U L
H D P V L W O A O T F Z V D Z H N U
Q A K L E L H V C T A L N A S Z E F
T N X B F I A H N E P F E I N K Q T
A F M O O U H H N R O O N X C T U H
E U O X D Z H C C I H U F P X J A G
P U V M M T V S A N P C T F D U L I
E V K O B Z J S F G S K I L C T N R
R A I G J B T N A S I E B O X I F V
```

ACHIEVER	EDUCATED	OBEISANT	SCARF
AROMATIC	FLIGHT	OBNOXIOUS	UNEQUAL
BRAVE	FLUTTERING	PUNISH	WILDERNESS
CHALLENGE	FURTIVE	REPEAT	YARN
COLD	HARM	RIGHTFUL	YELLOW

Puzzle 64

```
D A G G A D A M A N T S P G S T Z A
M T M R I W I N D Y F Y O K G A P X
O R E A R A K E B E Z T X L W P X G
U O R N G T C H H V T S W K W W B H
N U Z D H J S V T I R R V D J Z B C
T B Z I C L E G O T E I L W J M U R
A L U O G A C O M I M H A S E Z R A
I E B S A N G W M S B T C R H Z M M
N L W E B O A X A I L X I E W F C T
O R L I B I N O M U E W T W L T T R
U R L S N T I Y G Q Z K I Z L I P A
S Z R R S C G S T N R C L F E P A V
X V E U B N F A Z I T G O D L L E E
V Q T D L U V E V D I O P F P A U L
B S R V V F W C B N H D G B R T N P
J F A B F S Z A H T D L G V U E Z C
J I U Z G Y I A J I C Z T M P C S N
H B Q P T D D T T T W L X U X C R V
```

ADAMANT	INQUISITIVE	POLITICAL	THIRSTY .
CHEW	MAMMOTH	PURPLE	TRAVEL
DYSFUNCTIONAL	MARCH	QUARTER	TREMBLE
EASY	MOUNTAINOUS	RAKE	TROUBLE
GRANDIOSE	PLATE	STEW	WINDY

Puzzle 65

```
K I Z S M U X J N B H D C C A C C Z
E I X A E C T U P K S N E Q Z P N Z
B O N G D T W H P M A T E K N H N B
X L X A I N S S O O B W N I C D W I
E S X K C E O H R U M C D I J I N R
L U A J A N R G F A G A D C A K W O
E E I T L I H L J U R H T I F F V U
B W F F S M Q P E W H E T C X L R G
G O U E W M N J F M E R T T H V F H
A B O R T I V E E Y W J K E V M N Q
U K O P V L T L E Q A L P Q K Q R O
W Q L P E W T B R N X Z B A M R O B
R H N V J Z W U I L G L O S S Y A J
U T E M M T S U O I C I D U J V S M
C L D F E C A L P E R D U V K O B Z
J H V D N E I R F S K I T A E H L C
T N A E A R T H Q U A K E L G J B X
I F C O A T V M N D L Z J B D R N C
```

ABORTIVE	FRIEND	JUDICIOUS	MELT
COAT	GLOSSY	LEVEL	REPLACE
EARTHQUAKE	GROAN	MARKET	ROUGH
EYE	HEAT	MATCH	THOUGHT
FAINT	IMMINENT	MEDICAL	WICKED

Puzzle 66

```
E R S O D E S N M S P I T E F U L X
M P S H E L I G A R F W B S K X E M
Z Q Y D E K A H Y N W A R C S G A L
V O O S D T H U N D E R I N G E G E
R B T J K P L O U G H G C J L E E T
D W O Z L L E V U Q M L R B E T R N
N A R U R Q W D I W A W C W G N P A
A L C G N N S G L P N G V P B N C T
H K V F H D C Q A V X J W T O J S I
D I B I X I L S P X U F U I O W Z S
N Z R J F U T E G V P A T Z S O O E
O V Z A U O B F S R L C F Z M R B H
C V O L R Q U U D S U O V O M K Z G
E M A A J N G F X R E I I Q Z C P U
S Z L E E I K X T M U S A V N A C I
H U Z C W O T S A D S O M J I X X D
D S Q T N F E H E L I N E V U J J E
V F U Z V D S L F M A G E N T A X B
```

BOUNDLESS	GUIDE	PLOUGH	THUNDERING
CANVAS	HESITANT	SCRAWNY	TOYS
DESTRUCTION	JUVENILE	SECOND-HAND	TWIG
EAGER	MAGENTA	SHAME	WALK
FRAGILE	PASTORAL	SPITEFUL	WORK

Puzzle 67

```
H S R L Z I B G M C B E I S C P E V
S K S R M V L J B J T Y Q J U G N P
D S G N B X B U T O T E G N X B E T
M E N B P M I U O V S S Y Q M A R E
U D W T P E N T W B H L O R I Q U D
Q Q I H L G H F L C B F A U L B J E
Q K L L J B R O G G U F R M W P N L
O P D H R F T I O T R V D Q D Q I I
S L A U M O U S U K D T P H T F L V
K N S Q P K N R Z V A T M G K F L E
O H O A P G E C R A C K K F X C E R
W W L O H S R E V I T C U D O R P O
A E H M G X W J C R E M M U S V R N
S C A M E R A C H I C K E N S F H
H F I F W D D L V O L A T I L E R O
K X N S C A P R I C I O U S K I D C
F I S S E C R E T I V E D Z X K P T
I F F N D A T X D A C G C F I F O B
```

BLOT	DELIVER	INJURE	SUMMER
CAMERA	DESK	PALE	TOOTHBRUSH
CAPRICIOUS	EYES	PRODUCTIVE	VOLATILE
CHICKENS	FARM	PUNY	WASH
CRACK	FUTURE	SECRETIVE	WILD

Puzzle 68

```
D G U L L I B L E S N O A D K I E G
E Z R R B Z X U O B T A I N B V T B
J E D C W C F N I P B S G K R H C G
H R R K W J O C E B D M Q E K J E R
S H A U X I R H P D C S S C C X S A
I X O W T A R J E I E H G O E Z N D
C X B W W D I W C O S T H O Q T I E
Z R Q L D C E W L G N I F M D W J S
I H O U S E S I O R C J I I P D N L
X T X O D M N T S E I R K C G H R U
Z N Q T R T E L S Y M P B D L F Q F
N A M K C U T W D D R O W G W S P K
A G P J T G G N I T A L U C L A C N
A E Z T L W D F G V H T A E B P U A
Z L A G I O C Q N O L V X B L I B H
V E M A T E R I A L I S T I C Q N T
U A Q X P A Y R E T A W B I Z L M E
V U R M L F D U S T Y Q W D F B E G
```

BOARD	ELEGANT	HOUSES	TENSE
CALCULATING	GIFTED	INSECT	THANKFUL
CRAWL	GRADE	MATERIALISTIC	UPBEAT
DOGS	GREY	OBTAIN	WATERY
DUSTY	GULLIBLE	SERVE	WORD

Puzzle 69

```
E P I C G I T E B W V B J S R O X T
N W B Z G E P M F I F I A S E T S W
T V R N K H E Q G A S G S P K U H G
E Z O S U W J E A N S P A B O Z P U
R R A V T I L L R Q B R O U B B U W
E B Y L W T H A G Z G Z G T Z Q T Q
N O L U Z D F D C I J I S T R A P N
A I V P M O C W K I B O J T Z K J E
H K K R G M X F Q M R I C T V U W E
T C U A L Z Y X A R Q O O Y G N V O
L D T Z L N I B V H S N T E C M G Z
B R I D E R E D L I W E B S D L Q R
W J A L C H W W W O L H X V I I E O
A F T E R T H O U G H T N C G H E W
G R A N D M O T H E R H Q U W C O M
C T N E L U C U R T H P C W T C J F
W D M P Q O P O S S I B L E D S M J
C O L L E C T E K B C H Z B D D D A
```

AFTERTHOUGHT	CYCLE	HILL	NUT
AMBIGUOUS	ENTER	HISTORICAL	POSSIBLE
BASKET	FOG	IGNORE	SPOT
BEWILDERED	GRANDMOTHER	JEANS	TRUCULENT
COLLECT	GRAPE	LOW	YUMMY

Puzzle 70

```
X G N I R E D N A W L P M S Q P K A
J Q K E X B U V C T G C O J C W N O
U E W O Z J R T S I X E E P B D I X
F J A F F E O R U E N D K T T U W P
V A T C S L A M O Z O P T R H O R D
J Q S E X K O L K L D A I N U D I L
K D E N P G G O P C L T L K A V X F
W Q R M I J E X R K E Q B E I J K O
B J A S M P E Z N C P N H D L C V S
K I V S D R H S U R C A E Q F P X E
L A U T I R I P S S X T X K O L S K
V D H E P P N Q A T P W W J S O H F
V L N O I S I V I D C A P B A W K G
A E J F Y T R E P O R P R V E P W K
W Z B Q C T G Z Q L I S T E K G T R
Z E R Q T W H O M E L E S S U D Q L
B K G A E K V F Q F U U W Z H G E P
I M G Q E M O S H T O O T M V L K W
```

AHEAD	EXPLODE	PIN	SPIRITUAL
CRUSH	FLOOR	PROPERTY	TALK
DIVIDE	HOMELESS	REST	TOOTHSOME
DIVISION	INK	RUB	TRITE
EXIST	LIST	SPARE	WANDERING

Puzzle 71

```
J F R L R J L H A G A N E V A R C V
V M P E R L V T V P A Q E L B B O W
V W E A I P U O W L M S P D T E I R
S T C R B V A L E M E H O R N V H R
U F T N N I Q C U F O P I A X Z L P
O D O E M V D X P U B L I C J J W C
I R M D B E E E D G H B C P E S N O
R Y P P O L S T N E W U N R U L Y I
O R E E B J V N X T R R F H B M B D
T K C U L R E E M F I M E D T H A R
C D I C A W K M E L O F T N L R V W
I E M A E T I P A U J Q Y Q C Z I I
V Z N P I J L O P A X E G R V H X B
W B R A W N Y L I A K Z A F R N F R
S P Z M I S U E X A X D Z X R I A G
U H C R A Z N V B B P M E S B V S K
E V R V U A S E B G V Z V R D O T E
S O Q Q Q A A D C E O P S L W O F R
```

ACID	CLOTH	HORN	SLOPPY
BAKE	CRAVEN	IDENTIFY	UNRULY
BEE	DEVELOPMENT	LEARNED	VICTORIOUS
BIRTH	FOWL	LIKE	WOBBLE
BRAWNY	GAZE	PUBLIC	WRENCH

Puzzle 72

```
H P O R Q U I C K E S T B F X L L E
L M W Q L S E A H G S E T K X F O N
X T Q D Z S V A D S C B M O C V T O
J M P U P J A F P H O U D E D U R G
S K P S D K H M P U E M X T Z D R E
A C O S D S I S F U I S X P O I E B
I X D T P W O J T A H J I F O S T E
L S C O L D R B L I N D C V X C I O
V N T N A U Q I P N I N D S E O R W
Z T Z S S N V P Q U I L L R K V E Z
T S F P Z J K G S L P H I N T E R P
R Z P K N C O A P A M J I G E R I H
A P K I H Z Z J I C D N O Z S Y Z S
U O F R E S P J F I S D T A I U X X
Q U Q N M S Z K F R Q M S A A N A I
O N U E V O T S Y Y R K E Q R D R J
E T B R U O D N W L A H P C H Z I K
R A Z D D E S O A U O T S W H S Q V
```

ADHESIVE	PEST	QUILL	SCOLD
BLIND	PIES	RAISE	SODA
COMB	PIQUANT	RETIRE	SPIFFY
DISCOVERY	QUARTZ	RUDE	STOVE
LYRICAL	QUICKEST	SAIL	WOEBEGONE

Puzzle 73

```
G Q F I V U T W C U P P W K Q F Q R
S S E L K Y R T I P I B T L A S R A
T C L I D U N A P U R N L J C L E R
E A U B T Q O I G A D P X G A Z C E
J R M R B C U H S S I M C Q M N E M
C C G A S C T I W S E I P U P W I E
C E C R E D S S S E L D N I M O V S
I X H Y T M T I F U N C W R R X E K
H N A F U P A F A E G H M I L K U G
L S S E O A N D J C G L O V E D Z Z
J C E C R T D V M U R D B H S F Q I
F G O Q V F I V F T Q I L E N E E Q
F N V C H U N V T S P W D U E G A D
D I Z U G Z G U W A O K U R A V T U
V K E Y O U N G D O O A G O Q T K K
L A S I I G T X E B R A X N H G B L
C T P Q V U E T A S T E F U L J E T
Q S H P J G N P C G N U X U O S G T
```

ACRID	DRIP	OUTSTANDING	SCARCE
AGREE	GLOVE	RARE	STAKING
BOAST	LIBRARY	RECEIVE	TASTEFUL
CAMP	MINDLESS	ROUTE	TRY
CHASE	MISS	SALT	YOUNG

Puzzle 74

```
F T I D N A R D D H A C T F T R T L
U D B T H F D P I E D O P A E M T S
K V J Z P V K I R N A C E S H D I E
W I J V X M J A N X K D C T E N X Q
E L G G U J E R P T F U P S Q B O J
K C K P W H P K D U E P F A E N K F
T N E M Y A P E N M T R O O N U N K
N L R P N Q Z H N U T J N Z W O I L
E X K D U I E P D I G R P A O G B U
O L S U S C S G T G P C A L E P I
G P E E A L J E S V N T Z B E C A R
R N T C Z Z R P S S E L R A E F G P
T I I I T P N J J B X T P V S Z L K
B E H L M R P R E T T Y G K S X R F
N D B Z L A I H E Q K V A L Z M L U
D G G B P E L C F L G N I O G T U O
A N L K F O T L E B U M I L K Y F G
E C I F F O U E N O H P E L E T W O
```

BITE-SIZED	INTERNAL	OPTIMAL	RESCUE
DEADPAN	JUGGLE	OUTGOING	TELEPHONE
ELECTRIC	KAPUT	PAYMENT	TELLING
FAST	MILKY	PRETTY	TIGER
FEARLESS	OFFICE	RACE	UNKEMPT

Puzzle 75

```
Z O B Q U Z G S O C K L V J X R T D
W D T A Z G O N U T E M P E R Z I J
F K S P D T R D I P I Z N J J P R I
E S U A P A T U T K N U H D O O G N
Z F L X Z M O P E R L C S J P O O T
D L P U I U D F K S A U M D E O P E
E A K M F S T G X Z P H F G E I L
V M J P M I I K T W W M F K N A C L
E E A D Q N J K Y B P S E Z A I D I
I N Z I T G E V T X K T M R R T E G
L T N Z W Y F I I Z E R P E O H T E
E A I S E L D S V L E A B D X Z C N
R B W K Q J D S I P C C A N K O A T
R L U N G Q Q R T M U M E O Q C R W
U E Z V U B F Z C A T V C W T E T P
F I T U G R N B A R T B U A F T S V
B U Z F E J K G Q T E A L B W A B P
P W X V F G R V D C L V C F V L A F
```

ABSTRACTED	GRUESOME	LATE	RELIEVED
ACTIVITY	HULKING	LETTUCE	SOCK
AMUSING	INTELLIGENT	ORANGE	TEMPER
CART	KEY	PART	TRAMP
GOOD	LAMENTABLE	PAUSE	WONDER

Puzzle 76

```
X J N M R G O N G G E S N U G F Q I
X I H C X J W C J F B S E T D I H Z
T E E S N O E T R J V X N J F B M C
A G T S M L C O R R E C T I G I J F
S H A U J W E L O F E I H C R M G S
D V T O P D E M K T M A U U Q Q N U
Q N N I G N R G I J P A X H K K I B
K D E C I A Z A E R D Z T O F C D S
L J C I G P F C O O P A C P K C I T
U H O L J M X E O B L W M E B G B A
H B N A Q I K L E I A Q P T L G A N
O T N M M Q F K F L N R E A C H J C
G Q I B U F C Z V R E D O L L G F E
Q Q J I O U L G M K S B U R T O I C
A U R Z R M F P R O B A B L E A X Q
U K Q T J G O U T W G U X E O N I H
Y Z D W W P S M F D N E R C X W E I
D I U G N A L H O G N W F E M R F L
```

ABIDING	END	LANGUID	QUIRKY
ABOARD	FLOOD	MALICIOUS	REACH
CHIEF	GUN	MIX	RINSE
CORRECT	HOPE	PLANES	SUBSTANCE
EGGNOG	INNOCENT	PROBABLE	TRUCK

Puzzle 77

```
I I F C I D O I R E P S J R N C D R
I M X U V R N S R W N Z H H I E J R
L L A B Y E L L O V T W Q A C L B O
P W H U T H G I E A I K I O N A I E
W P X F V F O Q L A C F T W Y D Z U
F V H G I E W E K A T P Q F T V Y C
H S I F A O N N B K P X T J L Z J S
Z V S N F T X M N X K F M O K U P Q M
F D A G E L J A W S O S M X A F I E
X P A D G J A K Z L Z H N E F Q I T
H U E Q A F I U I M R S U O I R U C
R B Q P I R T O T I P K U W P Z U M
S E K C O M P E T I T I O N G K H N
L L K I P S Z X F P B L P M W U J C
I G C N D I J N X D E A A I N I G M
M B F O O L E K P J D E H S G T X G
D T K N U R D B L N G O E B J S Z R
R W A H P H B Q T Y T S E T J L L L
```

BACK	FAULTY	ODD	TALENTED
COMPETITION	FOOL	PERIODIC	TESTY
CURIOUS	HABITUAL	PIGS	TRIP
DRUNK	HANDY	SLIM	VOLLEYBALL
EIGHT	OAFISH	SPOIL	WEIGH

Puzzle 78

```
R U N L K J D Z J D C D J A M I T Z
R J Z X A G S D K I T J T W P O Q C
I N T E R R U P T F X P J T C N S D
R Q I O Q S C A R Y T H H Q F I V Y
A C F M U U U W A V T S S A R G R L
O H B J A F E J K E L O H W P Q D R
T E V N F E I R B C O E L B B U B A
A R W P Q T I R E S O M E T R K Q E
D R H E F Z R A N O S A E R X F X G
D Y C D A O K G X L K J C H X M W R
R X A I R T U F N Q M D R A V L E K
V D T E X U H R T I P H A G D K X W
C N T P G J S E B R R P H O G X A W
E E A J L E U B R X C E U P R J I V
W T S N F U P M A X A G V A N B E Z
D E N M P K X N P R K C X I W S I O
C R W S O D E M J D E L I I H O M J
M P K Q N M Q G E A H Q N P Z S C X
```

ABSURD	CAKE	INTERRUPT	SHIVERING
ATTACH	CHERRY	JUMP	TIRESOME
BRIEF	EARLY	PRETEND	WAX
BROAD	FOUR	REASON	WEATHER
BUBBLE	GRASS	SCARY	WHOLE

Puzzle 79

```
T N U T T N A I R U X U L A T O K Z
P R H M S N X A M J Z E E M H L T V
E T A C E R M Q R D B N A K L D E D
N N S I U W H V S P Q I E E F J Q P
C O A T L O E G U S G L P P O G R U
I I L M A D T L Z D E S W I E I J H
L T X W U R D I B J W L N C C T X S
B C I D M S E F S A S H N E A W S I
U E B W B E E U O J T M E O E G M N
G R Z L L C S D D F F P F T I V R A
P I S S F V N P E V K B E H V T N V
C D L A O Q M G H T I M Z C A C O F
S U I L E P X G S V V B J X C O Z M
Q R D O E L I F U U M K B Z T A W V
D Q H O Z K T H H A K I V W O W O N
Z S Q L E W H B W B J E L Q R J X T
I M R C W Z M O T H E R B X U L T X
I R Q R Q H O U L A H W A T C N Q L
```

ACCEPTABLE	HUSHED	PENCIL	STEP
ACTOR	LINE	PRICE	TOUCH
AMUSED	LUXURIANT	SHOE	TRAIL
DIRECTION	MOTHER	SPELL	VANISH
FILE	MOTIONLESS	STARE	WHIP

Puzzle 80

```
T S R F S Q I C G N I Y F S I T A S
H U O U J H Q W N H G V B H C U A M
Q O O N T C L B M A R L P I F B D W
P I M N W F Z A R K A I C D P T M O
D N O I I I J I U U L X H R W I S L
H O M D E A P N H T E M B C B I S D
X M U S C E R E S Q E E Y X Z P R F
G R G R I I R D Q P A P W L A C R A
V A S E D Z O H F U L A R F R D I S
J H S D O P E I T F C E Q E I U U H
Z V E I L E D I I A S S N S P D C I
H V S P E R F H E M Q S U D E L F O
S K S S M U G G E Z O O V S I B Z N
I A O D L H G S O F M K U S C D Z E
O Q P D C Q S X Q O A F K E M D H D
C Q P A E Y W V N Q N A B G H M I D
Q S O L H E H E E O O K W H N M G O
H C V C V D V R C K I C I T O I D I
```

BEAUTIFUL	HARMONIOUS	MOOR	SPIDERS
COACH	IDIOTIC	OLD-FASHIONED	SPLENDID
CONFUSED	LIP	PERPETUAL	THREE
CURLY	MELODIC	POSSESS	VENOMOUS
DRAIN	MESSY	SATISFYING	WIPE

Puzzle 81

```
S Q W D V V L W C B N H S D G Q J O
E O E G E T A F Q V G F B H W G N T
K P T C Z C R V V J N F Q E O M K S
V O N T Z E G C R E Z A U S U C J U
K S Z L E J E S S W R A L G B U K Z
F I L C S B U A B D N U O R G W M Z
E T R J P A E U Q U Z W U N P D M R
R I E F I T Y C I D W T L N O R A N
S O V X L K C M B V O R R E O I V Y
U N O C L S A J G P L X H F L G N A
G V C I G G D W I M T D A W Z X J R
A U D O I M O A X K R D U P D V R P
R S J C U M N I A K C R N L J H M F
D W A W R E T C H E D V T T K O B Q
L L Z P T L O E L D D U M R F D G O
D U K M M L D P D U M V J A R V Q X
C C K F I M G Q M L W F E T W H P L
N R E B M O S B Z P F E D S X M N Z
```

ABJECT	ICY	PRAY	START
COVER	LARGE	RAIL	SUGAR
FORM	MAGICAL	SHOCK	TEASE
GROUND	MUDDLE	SOMBER	UTOPIAN
HAUNT	POSITION	SPILL	WRETCHED

Puzzle 82

```
Z E E P I A B P C P K Y B B A R C Z
O P D N J S U O R U T N E V D A S O
P S H D P F E I Z M E A S U R E T S
E O S O O M J Q P S Y C H O T I C C
K M C I B C U C M A P I C T U R E R
D B I B U O V E C P U S H Y E B X A
Z H N U B W Y X O N D P E R M L U P
L Y T B N A E C O N E U R K C V D E
S I E K R L H E V T S D R A N S B
G T L H W D L A G G S R D U A M W N
Q E L A U L E N Q Z U G B P H F K M
M R A V N Y Z G X E G V X A C B N J
C I T E V K I E R E S E A T E H L C
I C I I F A C R D V I H A I S L H J
B A N W H T S Q R D D H L C K S Z Q
K L G Y E C I R P N J Q R A N C I I
F G J C T P B R O T H E R T I T N U
I I S K R D N A L H F T M Y T S E Z
```

ADVENTUROUS	DISGUSTED	MEASURE	SCINTILLATING
BEHAVE	EXCHANGE	PICTURE	SCRAPE
BROTHER	EXPAND	PRICEY	TACIT
COWARDLY	HYSTERICAL	PSYCHOTIC	YELL
CRABBY	LAND	PUSHY	ZESTY

Puzzle 83

```
N M J Q N N P L N M H P S V G V T P
O B L V T Z Z L F B Z K Q P S Q I V
I G N G P E P D M A A O F J F J T S
T W M E C O N O M I C S J C K A L B
C G M I K Z C B W T I R O N D V E E
E P W E Z R A K C C P T C I M D S L
L O A P R N E D M S H C I A Q E G L
E W Y A W E C Z A X H D T T U V Q I
S E O S I B L V Z T T T S N T E S G
K R D T K B M S O E N Z U O A L I E
A F T E B O I S B W M L O C E O X R
B U E I U K S E W V Z V C B N P V E
P L A A P L N N U E N Q A X O P O N
Q C M E P G H Z M W A F S D R P T T
R W W G G H T P O E E T E W G R G P
L R A I L W A Y G M L Q E C C T H I
C L C X H E N L A M I N A R H L R C
S Z U B O B X I A O T U G B X H Z W
```

ACOUSTIC	DEVELOP	OWN	SWEATER
ANIMAL	ECONOMIC	PASTE	TEAM
BAIT	IRON	POWERFUL	TITLE
BELLIGERENT	MERE	RAILWAY	TUG
CONTAIN	NEAT	SELECTION	WAY

Puzzle 84

```
J D H C E Z L D F G U O E C L T U Z
S E C E S L X Q M F S K L F A W E O
E M C X L A D V O F Z N T J I O U O
T O B P R Y K C I N A P T P C R M M
B O P A T S U E X J F V O F I C E H
N R J N B C G V T R G U B E F E S W
N G D S H Z X N E F V G Z D R R K O
J L L I Q C P V I O V X R G E A C R
N L O O L A I B I V A L A D P C U T
B E F N V U Q A M G I N Z H U S D H
K W F T Q W H T B L M R S B S C D L
D S S I S R J B J X A N D W F M O E
O I A C M S T R A N G E O X E S M S
P F G K D F N E D J R G R B Q R K S
H N E L C S R Q O C A W Z B Q B X V
D S K E M E T I H W D N A K C A L B
P I O A D Q N M L I V E L Y P P M A
R O Y R E L B A K N I H T G L C L X
```

ANSWER	EXPANSION	QUIVER	TICKLE
BLACK-AND-WHITE	FOLD	SCARECROW	WELL-GROOMED
BOTTLE	JOIN	STRANGE	WORTHLESS
DRIVING	LIVELY	SUPERFICIAL	YOKE
DUCKS	PANICKY	THINKABLE	ZOOM

Puzzle 85

```
K V T F I A R I C K Y W E H W J J H
R P W C I O O Q S G I L W B D E B R
U U Z Z V U N E H D B T Z C M O C Y
V E O E W K O R R B N Q S E K U D N
D P N H M O G L I E F X U Z S O A I
P O E D F J P R M C T E W J I X W T
D W F R A G C E V L U F E K A W W A
E T K A U S E O S M I N I S T E R U
G S V I V R E M E M B E R R A N G L
F C A B G C F M C N V K T S E B Q E
N R Q A U X D N U O R G Y A L P R R
P U K T S Q U K E M C Q A W S H B U
M B E Z V Q M U R D E R W R Q V X T
Q A J O F E M B A R R A S S E D A C
R L V X J V D I G E S T I O N B L N
F G L M Z T X T B M I Z E D I Z V U
H J H E C M A R G O R P H C F A X P
P P M T S D R E A R Y B X P A W G V
```

AGREEMENT	EMBARRASSED	OVEN	SCRIBBLE
BEST	HOUR	PLAYGROUND	SCRUB
CUTE	ICKY	PROGRAM	TINY
DIGESTION	MINISTER	PUNCTURE	WAKEFUL
DREARY	MURDER	REMEMBER	WET

Puzzle 86

```
N R J S W E K D G D Z I V D E W N H
D V N T S U A C N W R N Q E B O R U
S L R E W I E R A A N D B R I P Y Q
I T V M L A S I N W P F T N L C F S
L N O S L S T M R T Z I C F S F S O
K S A P K I S O V E H A W A P G E A
Z I C P N F C E W R R M E Q C Q U S
L L S G R P Q B L T C M E M F E G T
A H E Q O A D X T E Q X Z T G D R E
B W I P F N H A D X C C T C I O A D
E I T N Q A L S S B J I P Z M C G J
L X Q I T M E J A A V L O R O M I X
R J Z L L C S M C N E A V V O L D Z
P I N F I D Q B K P F I T H N T D N
V N C J U A J Z Z U T H Z C E L Y Y
D V E Z Q V J G P A U E R A P E R P
X T P G K P A H H G N I M R A H C O
B T L A N N M N H I F A S T E N T W
```

ARGUE	GIDDY	PREPARE	SHARP
ARITHMETIC	LABEL	QUILT	STEM
ATTRACTION	MEASLY	RED	STOP
CHARMING	MOON	ROASTED	VOICELESS
FASTEN	POPCORN	SACK	WAITING

Puzzle 87

```
Z K U O X E V N A L C S T R U Y L F
W K C Z C T W B G C H H T W O R G J
L A O O N O F J N D R S M P W X O M
Z R A Q N P O O U T Z J X F Z A Z A
W F X G G K Y B L E D A N E A S D J
E Q E C A D U E F M M J S H J A Z K
R Z V O I R S H R I Q O B L U L D A
G V T T C J R F A T H S K G X V M Z
S A I S Q H T O F V U K H I Z E M C
G B N N G F R L G O G T V Z E D I O
N L U F D M B E A E I X R K U L T
I V Y E G A X R T R N Z P L Y Z K C
H A A H C X T U A T T T W V E I N A
T D R Q L S P E O P I B M C N R O T
M D T F U B L V H B B I Z O E W T
T R Z D A O D A O T M J O S H G N T
M B N I L Q J E T A R U C C A E T A
Q I H A S P D N X D N P S W O O T W
```

ACCURATE	DEAD	INDUSTRIOUS	TIDY
ARROGANT	FAR-FLUNG	KNOCK	TIME
ATTRACT	FLY	KNOWN	TOAD
BITTER	GROWTH	POT	TRAY
DAUGHTER	HONEY	THINGS	UNIT

Puzzle 88

```
S L B O N L U F I C R E M E K V K O
H O O T K I D X D R I Q K F O C I V
B Q F H F Z O D L T W I A S N T U N
Z G B F S I E S E S L M F M O W N D
H Z J X N T T V Z R I S S D I S F F
G Z J R A W I J A L T V F F T X Y T
N I V E A S Q W I D A C B B S H O W
A U F M S E S A O B H C A T E S T G
Q E E A K L R U W T O I U F G U K D
D A M O L D W J O M A T H A G O I F
H U P N C R B A P Y F W Q D U L T V
U O G D O S R L U Q O I S G S A A G
O E C Y X H A G B Y W J P P O E N O
F W A M B I Q U X K R L X R N J V M
D L G V N E I B T Q M O H R E M J A
D V T E R R I T O R Y T T F N E M Y
U N A U S E A T I N G T P S S G D I
W Z B K U W A E E F P U Z K O F Q I
```

COMPLAIN	JEALOUS	NAUSEATING	TERRITORY
DEFEATED	JOYOUS	POKE	THROAT
DUCK	MASSIVE	ROYAL	TOY
FACT	MEN	STORY	WARLIKE
FAMILIAR	MERCIFUL	SUGGESTION	YAM

Puzzle 89

ABUNDANT	EARN	PUMP	UNUSUAL
ALERT	INTEND	SIP	WEIGHT
AMOUNT	JUDGE	SKILLFUL	WHEEL
CARRIAGE	PACK	TACKY	WHIMSICAL
COMPLETE	PERFORM	UNACCOUNTABLE	WINK

Puzzle 90

CLOSED	PET	RUTHLESS	TREMENDOUS
GOOFY	PIE	SIGN	TUMBLE
MEETING	POWDER	SMOOTH	WARM
NECESSARY	REMOVE	SURROUND	WINTER
NOXIOUS	RING	TEARFUL	WISH

Puzzle 91

ADDICTED	CAGEY	HELP	TASTY
ARGUMENT	CHANGEABLE	PRESENT	TESTED
ASSORTED	CLOISTERED	SHRILL	UNADVISED
BARBAROUS	COMPETE	SQUEEZE	USE
BERRY	DRAMATIC	STICKS	WANT

Puzzle 92

APPEAR	DIFFICULT	LACKING	PAT
ASHAMED	FLASH	LAKE	QUAINT
BLOW	GATE	LUCKY	SORE
DEAFENING	HATEFUL	ORANGES	TIN
DEPENDENT	HEAVENLY	PADDLE	UNABLE

Puzzle 93

G	N	O	I	T	A	T	S	H	I	K	P	S	F	Z	D	E	H

ABAFT　　CHOP　　MARRIED　　STATION
ABSENT　　DETAIL　　MOAN　　SUPPOSE
ANGRY　　HAMMER　　MONTH　　THERAPEUTIC
ANXIOUS　　LACE　　SCANDALOUS　　UNEQUALED
BRICK　　LUNCHROOM　　SNATCH　　WAIT

Puzzle 94

ADAPTABLE　　FALSE　　RELAX　　SUPPLY
AUSPICIOUS　　FINGER　　ROAD　　THRONE
CROOKED　　FLAWLESS　　ROB　　VALUABLE
CROW　　IRRITATING　　SCARE　　ZIPPY
DISAPPROVE　　LONG　　STUFF　　ZONKED

Puzzle 95

AMAZING　　DIRT　　OCEAN　　SHAKY
ARMY　　FUMBLING　　PERSON　　TOW
BOOKS　　HANDS　　QUICKSAND　　TREAT
BORED　　INNATE　　READING　　UNHEALTHY
CREEPY　　OBESE　　REFLECTIVE　　WONDERFUL

Puzzle 96

APPARATUS　　COOING　　LONGING　　SKI
APPROVE　　CRASH　　MIST　　SONG
ARRIVE　　GATHER　　OBEY　　TORPID
CHOKE　　HANDSOME　　PECK　　UNTIDY
CLAM　　HAPPEN　　SATISFY　　VAST

Puzzle 97

```
I I T N A D R E V W H Z L F Z Y M S
Y W K H X X D Z L N T Q L M A L G D
P A H N K I P J L Y E R B D K W K H
O V M U B D N I I G O D F X D O U C
C B V M J I J I X P R U D G S L P U
U R D B F R E D R O B B T D L R P Z
H X H E B P R D O P A I L H O I J D
L K W R E T S W C V U J N V F B M B
G M K U L Q P F K Z V H I E P U D O
S A K S L E L G K G A D W L N L L G
T D P E B F S F U C E G E E N I D E
P Z I L N H I V G D D A L F B W L H
J I F B A A X X G U S U P E U H R J
G I V K A P L C J A T G A E D S N G
E O E A O R U P N U R D G V U X H S
N N U K P C X T S F A X E K J D I W
T N T Z M S T I C K P Z K L P E N N
G S N A P A N M G G I V P L A N T I
```

BEAD   LINEN   PLANE   SHAKE
BELL   LOWLY   PLANT   STICK
BORDER   NUMBER   PLEASANT   STRAP
COPY   PAIL   PROVIDE   VERDANT
FIX   PAN   RABID   YOUTHFUL

Puzzle 98

```
R O T C O D V P L W D O O B L D D J
T R A T H I N C R E D I B L E G K I
J P K T N K T S A M T R E E D B N O
S U R R X J U T L U L S S E X O L D
P T D O I U B I W N L T J O T K M N
H T W B J R V C G G I O T V K A S E
Q A H S F E B K L Z N M V Q E P B F
H T B E P N I Y C M I A U K L A O F
T I M R N Z E Q Q W H C O N B T Z O
U H D V N W H N R T B H P K M H I D
O O N E F E O A X E A X K X D E C E
M M E M V C Q B R J L O R A K T V J
B C M O C L R H L R G E L K J I D D
V H J F H N U N E E A J A F J C R S
G I L E D A A G S S S N D S V W E F
E Z R J P G A H N L N Q G F E F B S
M U N D A N E P X Q W C P E X D C H
A E L O S H O W W J T C G F H G B S
```

APATHETIC   FLOAT   MOUTH   SHOW
ARRANGE   ILL   MUNDANE   STICKY
DOCTOR   INCREDIBLE   OBSERVE   STOMACH
ELBOW   LIVE   OFFEND   TART
FEW   MEND   RELEASE   TREE

Puzzle 99

```
F W E V I T P E C E R O D N G L E L
Q G H W U B N J Q O K R X N W A H J
S O F A Q V A B N D U T I C G O I Z
L W N S N X O E N R H L Q U L N G W
C A O R Q G N P A N E Q C Q C B J S
N P I X P U V L G E E T W R D P D U
X B S S Y E W T F S J R S D O S D O
P E Y A A H O S I N E H E F U W B I
C K C C E T Q C R N O P Y N D T N C
Z I I U A A R Q K E I E K S A T Z A
P M K B Q E Z S S R B N N I A H J R
K F K E X R S Q P S O K N F D E O I
H R N E J B P S W W T A F G K V R V
X J B O V J B J N B B B J Q F L J G
T W W M D O A T K L S Q M I M N J O
O M N B E X L S E O I Z S L L A T B
G H U N T N L J S Z P M V Z X W H
A F V J W H W S H A L L O W D X A K
```

BALL   GREASY   PICAYUNE   SHOES
BREATHE   HANG   RECEPTIVE   TALL
CROWN   HUNT   RIPE   UNKNOWN
EXERCISE   NOISY   RURAL   VORACIOUS
FEELING   OBTAINABLE   SHALLOW   WREN

Puzzle 100

```
A X G R Y W V J B G U K N R A D J G
S T W E T A Z G W R A A A Z X F Q T
L K B P T N J B E E G P A M B Z F X
A L Q P O O I E O E I R S O I W P G
Q X Z I N F T T S D G K U S F A R D
Z U V Z K C L O K Y N L C U E I E F
I D J F A L I N F W I V C O B M C I
B X T T P J O P L L T S E L I P I F
L A I C I F E N E B A O E U C O O X
K P J X R H I R K A L H D B I S U F
A M U S E M E N T O U O J E T S S I
D E P O D P H E G Q M R R N E I G A
A K W G D B W E I E I Z Q N H B V C
A A L E A N A E N P T D K G T L U T
N S A A Z U O A N I S A A A E D B
S V F V H X R O W H F X C L P T K J
Q J E B J C B Q D W O L L O H R T U
Y T L A S D I N O S A U R S U I I U
```

ACT   FINE   KNOTTY   PRECIOUS
AMUSEMENT   GREEDY   NEBULOUS   SALTY
BENEFICIAL   HALF   NOTE   STIMULATING
CHALK   HOLLOW   OIL   SUCCEED
DINOSAURS   IMPOSSIBLE   PATHETIC   ZIPPER

Made in the USA
Middletown, DE
21 January 2023